## Das Buch

Die altindische Lehre des Ayurveda ist für viele Menschen bereits eine vertraute Quelle für alternativen medizinischen Rat in allen Lebenslagen geworden. Doch der Ayurveda ist sehr viel mehr: Er ist Leitfaden für ein ganzheitliches Leben im Einklang mit uns selbst und unserer inneren Natur.

Als Folge einer aus dem Gleichgewicht geratenen Balance von Körper und Geist leiden viele Menschen unter seelischer und körperlicher Erschöpfung, chronischer Müdigkeit, Unlust und mangelnder Lebensfreude. Das moderne Leben mit beruflichem und privatem Streß, vielfältigen Anforderungen und Belastungen wirkt sich bei jedem Menschen anders aus – weil jeder Mensch anders ist.

Der weltbekannte Ayurveda-Arzt Deepak Chopra zeigt Wege auf, wie Sie zu Ihrem eigenen Selbst, zu Dynamik und zu Lebensfreude finden können. Sie lernen zunächst nach ayurvedischer Lehre Ihren Persönlichkeitstyp kennen und erfahren, welche Lebensform Ihnen gemäß ist. Sie besiegen Ihre Erschöpfung und wecken Ihre seelische Kraft durch eine speziell für Sie richtige Ernährung, durch den Abbau von Streß mittels körperlicher und geistiger Übungen und durch die Einbindung in natürliche Rhythmen. Sie erhalten Hinweise auf die für Ihren Körpergeist zuträgliche Kleidung, Wohnung, Wohnungseinrichtung und auf andere grundlegende Elemente für ein Leben im Einklang mit Ihrer eigenen Natur. Ihr Körpergeist lernt wieder, glücklich zu werden. Sie wecken die Kraft, die in Ihnen steckt.

## Der Autor

Dr. med. Deepak Chopra, geboren in Indien, medizinisch ausgebildet in den USA, ist Internist und Endokrinologe und leitet eine führende Klinik in Kalifornien. Seine Bücher erscheinen in den USA in Millionenauflagen.

# DEEPAK CHOPRA

# ALLE KRAFT
# STECKT IN DIR

Aus dem Amerikanischen übersetzt
von Peter A. Schmidt

WILHELM HEYNE VERLAG
MÜNCHEN

HEYNE ESOTERISCHES WISSEN
Herausgegeben von Michael Görden
13/9815

Die amerikanische Originalausgabe erschien
unter dem Titel
BOUNDLESS ENERGY
im Verlag Harmony Books, a Division of
Crown Publishers, Inc., New York

*Umwelthinweis:*
Dieses Buch wurde auf chlor- und säurefreiem Papier gedruckt.

2. Auflage

Taschenbuchausgabe
Copyright © 1995 der amerikanischen Originalausgabe by
Deepak Chopra, M. D.
Copyright © 1996 der deutschsprachigen Ausgabe by
Gustav Lübbe Verlag GmbH, Bergisch Gladbach
Wilhelm Heyne Verlag GmbH & Co. KG, München
http://www.heyne.de
Printed in Germany 2002
Umschlaggestaltung: Atelier Bachmann & Seidel, Reischach
Umschlagillustration: VCL/Bavaria Bildagentur, München
Gesamtherstellung: Ebner Ulm

ISBN 3-453-16248-X

# INHALT

# 1 MÜDIGKEIT, ENERGIE UND DER QUANTENMECHANISCHE KÖRPER

Körper, Geist und Gefühlsleben brauchen Energie. Wo diese Energie fehlt, sprechen wir von Erschöpfung oder Müdigkeit. Wenn dieser Mangelzustand über längere Zeit anhält, haben wir es mit chronischer Müdigkeit zu tun. Im westlichen Kulturkreis dürfte eine besondere Definition von »Müdigkeit« völlig überflüssig sein, da dieses Phänomen ohnehin jedem bekannt ist. Es ist sogar ziemlich wahrscheinlich, daß Sie, lieber Leser, in diesem Moment davon betroffen sind.

Müdigkeit und Erschöpfung sind im modernen Leben allgegenwärtig, aber wenn man den Gesamtzusammenhang der Natur betrachtet, stellt sich heraus, daß es sich hier keineswegs um eine alles übergreifende Erscheinung handelt. Die Natur strotzt vor Energie und zweckgerichteter Aktivität. Vögel erwachen schon in aller Frühe, singen, bauen unermüdlich ihre Nester und sammeln Futter für ihre Jungen. Eichhörnchen flitzen die Baumstämme hinauf und springen von Ast zu Ast, und im Frühling scheinen Blumen und Gras vor lauter Saft und Kraft förmlich aus dem Boden hervorzuschießen.

Dieses erstaunliche Energiepotential zeigt sich nicht nur im biologischen, wir begegnen ihm auch im physikalischen Bereich der Natur. Wellen schlagen gegen die Küste, Flüsse streben mit unermüdlicher Kraft den Meeren zu, Winde wehen und treiben Blätter und andere Dinge vor sich her, die Erde dreht sich um ihre Achse und umkreist die Sonne mit unvorstellbarer Geschwindigkeit, die Sonne ihrerseits erzeugt unaufhörlich unfaßbare Mengen von Wärme und Licht. Die Physiker sagen uns heute, daß das Universum nichts anderes ist als ein einziges dynamisches und pulsierendes Energiefeld von überwältigenden Ausmaßen.

Ist es nicht eigenartig: Wie kann es sein, daß wir uns müde fühlen, wo doch die gesamte Natur vor Energie förmlich strotzt? Wieso plagen sich täglich Millionen von Menschen mit ihrer Müdigkeit? Wieso ist Müdigkeit für viele von ihnen ein Dauerzustand, der sich durch ihr ganzes Leben zieht?

Die chronische Müdigkeit, die wir im Bereich unserer Gesellschaft vorfinden und die verschwenderische Fülle von Energie im Bereich der Natur bilden einen paradoxen und befremdlichen Widerspruch. Dieser Widerspruch gibt uns jedoch einen wichtigen Schlüssel für die Lösung des Problems der chronischen Müdigkeit. In diesem Büchlein können Sie vielerlei Techniken und Übungen erlernen, die ihnen helfen werden, die verlorengegangene Verbindung zwischen sich selbst und der Natur wiederherzustellen – und insbesondere werden Sie lernen, Ihre eigenen natürlichen Energiequellen wieder fließen zu lassen.

Bevor wir uns mit den Möglichkeiten der Abhilfe befassen, noch ein paar Worte über das Problem der Müdigkeit und seine Verbreitung in unserer Gesellschaft.

Müdigkeit gehört zu den Beschwerden, über die in den Sprechstunden der Ärzte am häufigsten geklagt wird. Eine unlängst im »Journal of the American Medical Association« veröffentlichte Untersuchung zeigt, daß 24 Prozent der Patienten, die aus dem Warteraum eines großen Allgemeinkrankenhauses zufällig herausgegriffen worden waren, über chronische Müdigkeit klagten. Bei Frauen war der Prozentsatz etwas höher – 28 Prozent bei Frauen im Vergleich zu 19 Prozent bei Männern. Das heißt, daß auch bei Männern die Quote immerhin noch fast eins zu fünf war.

Es steht zwar außer Zweifel, daß Müdigkeit und Erschöpfung das Leben von Millionen von Menschen beeinträchtigen, aber dennoch handelt es sich hier um Beschwerden, die sich der ärztlichen Diagnose nur allzuleicht entziehen. Nur in seltenen Fällen läßt sich die Ursache eindeutig feststellen. Das bedeutet allerdings keineswegs, daß man sich nicht untersuchen lassen sollte, wenn man über einen Zeitraum von mehreren Wochen mit andauernder und lähmender Müdigkeit zu kämpfen hat. Vielerlei klar ausgeprägte und leicht behandelbare Krankheiten können die Ursache sein, wie Anämie, Schilddrüsenfunktionsstörungen, Gelbsucht, Diabetes, Monozytenangina, Nierenstörungen und ähnliches. Ich empfehle auf jeden Fall eine gründliche ärztliche Untersuchung, allein schon deshalb, weil geprüft werden muß, ob nicht eine dieser Krankheiten vorliegt. Dabei möchte ich unterstreichen, daß sich in den allermeisten Fällen von chronischer Müdigkeit eben gerade keine eindeutige körperliche Ursache feststellen läßt. Dies scheint mir auch das wichtigste Ergebnis der zahlreichen Untersuchungen zu sein, die auf diesem Gebiet durchgeführt worden sind.

In diesem Buch wird die Bezeichnung »chronische Müdigkeit« benutzt, um einen Zustand zu bezeichnen, bei dem ein deutlicher Mangel an Energie einen Monat oder noch länger andauert. Akute Müdigkeit ist etwas völlig anderes, sie ist meistens das Ergebnis einer speziellen Situation, wie zum Beispiel vom Büffeln für ein Examen oder von Arbeitsüberlastung, um einen Termin einzuhalten. Sobald man wieder etwas Ruhe bekommt, verschwindet diese Müdigkeit nach kurzer Zeit. Menschen, die unter chronischer Müdigkeit leiden, können dagegen schlafen, soviel sie wollen, sie fühlen sich immer schlapp. Bei chronisch müden Menschen ist es häufig so, daß sie schon am Morgen müde aufwachen und sogar noch müder werden, wenn sie erst einmal aufgestanden sind und sich an ihr Tagwerk gemacht haben. Mit Schlaf allein ist das Problem der chronischen Müdigkeit offensichtlich nicht zu lösen.

Abschließend können wir chronische Müdigkeit als einen Zustand definieren, bei dem die Müdigkeit schon mindestens einen Monat andauert, sich jeden oder fast jeden Tag bemerkbar macht und durch Schlafen nicht zu vertreiben ist.

## DIE BEZIEHUNG VON KÖRPER UND GEIST UND DAS CF-SYNDROM

Obwohl chronische Müdigkeit in der Bevölkerung weit verbreitet ist, unterschätzen vermutlich sehr viele Menschen die Auswirkungen, die dieser Zustand auf die tägliche Lebensführung hat. Wir wissen aus entsprechenden Untersuchungen, daß die Beeinträchtigungen in jeder Hinsicht so weit gehen können, wie bei einer »richtigen« Krankheit wie zum Beispiel bei einer unbehandelten Schilddrüsenfunktionsstörung oder bei einem kürzlich erfolgten Herzinfarkt. Das ist um so bemerkenswerter, als bei der Mehrzahl derer, die von chronischer Müdigkeit betroffen sind, keinerlei klare körperliche Ursache festgestellt werden kann.

Da eine solche Ursache fehlt, muß man davon ausgehen, daß in der Mehrzahl der Fälle psychologische und emotionale Faktoren eine entscheidende Rolle spielen.

Bei psychologischen Untersuchungen wurde festgestellt, daß bis zu 80 Prozent der Menschen, die von chronischer Müdigkeit betroffen sind, überdurchschnittlich stark zu Depressionen oder Ängstlichkeit neigen. Das führt uns zu einem sehr wichtigen Gedanken – dem der Beziehung von Körper und Geist. Dieses zentrale Thema wird Ihnen in diesem Buch immer wieder begegnen.

Der Geist und die Gefühle können sowohl bedeutende Energiequellen wie auch Auslöser von großer Energievergeudung sein. Welche dieser Möglichkeiten sich durchsetzt, bestimmen die Betroffenen ausschließlich selbst. Auf den folgenden Seiten werden wir uns mit diesem Gedanken noch eingehender auseinandersetzen.

Vorab sei allerdings auf jene Untergruppe von Betroffenen hingewiesen, die unter einer besonders schweren Ausprägung der chronischen Müdigkeit leiden. Man hat diese Erscheinungsform »Chronic Fatigue Syndrom«, abgekürzt CFS genannt, was auf deutsch chronisches Müdigkeitssyndrom heißt. CFS ist eine bestimmte Störung, mit der sich die Medizin erst seit der Mitte der achtziger Jahre auseinandersetzt. Über die Ursache des Syndroms besteht in der medizinischen Fachwelt zwar noch keine Einigkeit, es gibt aber Hinweise darauf, daß es sich um eine durch Virusinfektion bedingte Fehlfunktion des Immunsystems handeln könnte.

Aus dem Datenmaterial des amerikanischen »Center for Disease Control and Prevention« (Zentralstelle für Gesundheitsfragen) ergibt sich, daß in den USA zwischen 100000 und 250000 Erwachsene von CFS betroffen sind. Diese Menschen leiden unter einer besonders heftigen und hartnäckigen Müdigkeit, durch die ihre tägliche Aktivität über eine Mindestdauer von sechs Monaten um mindestens 50 Prozent herabgesetzt ist. Im Unterschied zur einfachen chronischen Müdigkeit gibt es bei CFS bestimmte körperliche Begleitsymptome. Den CFS-Patienten fällt die Bewältigung der alltäglichen Verrichtungen wegen ihrer Erschöpfung oft sehr schwer, auch wenn sie zuvor zwölf Stunden oder länger geschlafen haben. Die von einfacher chronischer Erschöpfung Betroffenen sind allerdings meist in der Lage, mit ihrem Tagwerk leidlich zu Rande zu kommen, wogegen Menschen mit CFS an einer wirklichen Behinderung leiden. Die körperlichen Begleitsymptome sind in der Regel eine leicht erhöhte Körpertemperatur, häufige Halsbeschwerden, schmerzende Lymphknoten, Muskelschmerzen und -schwäche, Gelenk- und Kopfschmerzen. Der Schlaf bringt keine Erholung und oft sind die Konzentrationsfähigkeit und das Kurzzeitgedächtnis beeinträchtigt.

Wer aufgrund dieser Beschreibung glaubt, daß bei ihm CFS vorliegen könnte, sollte einen Arzt zu Rate ziehen.

## DIE WIRKLICHEN URSACHEN DER CHRONISCHEN MÜDIGKEIT

Wir konnten bis jetzt feststellen, daß chronische Müdigkeit eine sehr weit verbreitete Gesundheitsstörung ist, die sich in der Regel als eine halbwegs erträgliche Beeinträchtigung des Lebensgenusses darstellt, die aber in Form des CFS auch zerstörerische Auswirkungen haben kann. In beiden Fällen ist jedoch klar, was fehlt: *mehr Energie.*

Das Gegenmittel, mit dem die chronische Müdigkeit überwunden werden kann, ist gleichzeitig die Basis für ein erfüllteres Leben überhaupt und liegt in der Fähigkeit, das unerschöpfliche natürliche Energiefeld anzuzapfen, von dem wir überall und jederzeit umgeben sind.

Einstein konnte zeigen, daß in jedem einzelnen Atom des Universums eine gewaltige Energiemenge steckt. Die Physik unserer Tage führt diesen Gedanken fort und hat den Nachweis erbracht, daß in unserem Universum alles seine Existenz den Fluktuationen eines einheitlichen Feldes von Energie und sinntragender Ordnung, also Intelligenz, verdankt, das den Urgrund unserer Natur darstellt. Anders ausgedrückt heißt das, daß sämtliche Energie aus einer einzigen Quelle stammt, und daß sämtliche Erscheinungen unseres Universums aus dieser einzigen Quelle erfließen. Als menschliche Wesen stellen wir nichts anderes dar als örtlich begrenzte Verdichtungen dieses universellen Feldes von Energie und Intelligenz. Die intelligente Energie, die unseren Organismus durchströmt, ist identisch mit dem Energiestrom des Universums. Wir selbst und alles, was sich um uns herum befindet, sind einbezogen in das große Kontinuum der Natur.

Dies wird leichter verständlich, wenn wir die Atome betrachten, aus denen sich der menschliche Organismus aufbaut. Durch die Ergebnisse der Quantenphysik wissen wir, daß die Atome keine festen und unspaltbaren Objekte sind. Sie sind ihrerseits aus subatomaren Teilchen aufgebaut – aus Protonen, Neutronen und Elektronen, die mit rasender Geschwindigkeit um den Kern aus Protonen und Neutronen herumwirbeln. Dabei sind innerhalb eines Atoms die Elektronen vom Atomkern im Verhältnis zu ihrer Größe ebenso weit entfernt wie die Sterne und Galaxien im Weltraum voneinander. Das bedeutet, daß das Volumen unseres Körpers ebenso leer ist wie der Weltraum.

Unter physikalischen Gesichtspunkten sind auch die subatomaren Teilchen keineswegs feste, faßbare Objekte. Sie sind vielmehr Energiefelder, die zu Materie »gefroren« sind. Einstein sagt, daß die Materie lediglich eine andere Erscheinungsform der Energie darstellt. Die großen Physiker der zwanziger und dreißiger Jahre haben uns bestätigt, daß jedes Elementarteilchen auch als eine Schwingung verstanden werden kann, die man seine »Wellenfunktion« nennt. Diese Entdeckung – daß Materie- und Wellenstrahlung identisch sind – wird in der Quantenphysik als der »Wellen-Teilchen-Dualismus« bezeichnet.

Diese Erkenntnisse der fortgeschrittensten Zweige der modernen Naturwissenschaften geben uns das Rüstzeug für ein völlig neues Verständnis unseres Körpers. Auf einer tieferen Ebene als der seiner materiellen Erscheinungsform ist unser Körper ein dynamisch pulsierendes Energiefeld. Die einzelnen Teilchen, aus denen sich unser Körper zusammensetzt, sind Schwingungen des Energiefeldes, das das Universum umfaßt. Tief unter unserer körperlich-materiellen Erscheinungsform gibt es etwas, das als unser »quantenmechanischer Körper« bezeichnet werden kann, etwas, das stetiger Prozeß, reine Energie und reine Intelligenz ist. Da der quantenmechanische Körper die Bestimmungen und die Grundlagen liefert für das, was sich in unserem Organismus verkörpert, sind die Ursache der chronischen Müdigkeit und der Schlüssel für ihre Überwindung ebenfalls dort zu finden.

Da die meisten von uns (möglicherweise mit Ausnahme der Quantenphysiker) unseren Körper als etwas Festes und Körperhaftes ansehen, stellen wir uns den zugehörigen Geist als etwas Substanzloses, Nichtmaterielles und Spirituelles vor. Solange unsere Vorstellung von diesem Gegensatz geprägt ist, können wir uns auch nur schwer vorstellen, daß Körper und Geist in einem engen Zusammenspiel stehen. Inzwischen ist aber diese Beziehung zum Kernpunkt einer neuen medizinischen Richtung geworden. Diese »Körper-Geist-Medizin« wartet mit aufsehenerregenden Lösungen für einige der schwierigsten und hartnäckigsten Probleme der modernen Gesundheitsvorsorge auf.

Wenn man erst einmal begriffen hat, daß die scheinbar materielle Gestalt des Organismus in Wirklichkeit nichts anderes als reine Energie ist, dann leuchtet es auch ein, daß Gedanken und Materie nicht grundsätzlich voneinander geschieden werden können. Vom Standpunkt der Quantenphysik aus gibt es kaum einen Unterschied zwischen den Fluktuationen der Gedanken, die sich aus dem allumfassenden Feld herausbilden, und den Wellenschwingungen, die sich als die Elementarteilchen manifestieren, aus denen sich wiederum unser Körper zusammensetzt. Kurz gesagt, Gedanken sind Quantenereignisse, feinste Feldschwingungen, die ihrerseits einen tiefen Einfluß auf unsere Körperfunktionen ausüben.

Neuere Forschungen am »National Institute of Health« in Washington haben zu wichtigen Erkenntnissen über die Beziehung zwischen Geist und Körper geführt. Es hat sich herausgestellt, daß mit jedem gedanklichen oder emotionalen Vorgang in unserem Gehirn gleichzeitig eine ganze Palette von chemischen Botenstoffen, die sogenannten Neuropeptide, produziert werden. Welches Neuropeptid wann und wo produziert wird, richtet sich nach der jeweiligen Eigenart des Gedankens oder des Gefühls. Das Bemerkenswerteste dabei ist, daß sich die Produktion von Neuropeptiden keineswegs auf das Gehirn oder das Nervensystem beschränkt. Rezeptoren für Neuropeptide sind im gesamten Verdauungssystem, im Herz, in der Lunge, den Nieren und auch im Immunsystem nachgewiesen worden. Das bedeutet, daß Neuropeptide an sämtlichen physiologischen Prozessen, einschließlich der Energieproduktion und der Immunabwehr, beteiligt sind.

Wenn wir erst einmal die Körper-Geist-Beziehung begriffen haben – also die Art und Weise, wie Gedanken und Gefühle den Körper beeinflussen –, dann können wir auch die Ursachen der chronischen Müdigkeit erkennen. Wir werden dann begreifen, weshalb die Forschung bei den Menschen, die von chronischer Müdigkeit betroffen sind, im allgemeinen keinerlei körperliche Fehlfunktionen feststellen konnte, sondern eher eine erhöhte Neigung zu Depression und Ängstlichkeit. Hier liegt der entscheidende Punkt. Offensichtlich ist es ein Mangel an emotionaler und geistiger Lebendigkeit, durch den der Körper energielos wird und der chronische Müdigkeit entstehen läßt. Der Mangel an Energie ergibt sich aus der Körper-Geist-Beziehung und ist an die Ausschüttung von chemischen Stoffen gekoppelt, die im Gehirn produziert werden.

Das Energieniveau, auf dem Sie sich gerade befinden, ist das Produkt einer großen Zahl von stets wechselnden Einflüssen. Zu diesen Faktoren gehören zum Beispiel die Qualität dessen, was man als Nahrung zu sich nimmt und ob man eine gute oder schlechte Verdauung hat; die Temperatur der Luft, die uns umgibt; unsere Gedanken und Gefühle und viele andere Dinge mehr. Das Grundniveau der Vitalität, mit der wir den Anforderungen unseres Alltags gegenübertreten können, wird jedoch dadurch bestimmt, wie gut oder schlecht man sich an das einheitliche Energiefeld angekoppelt hat, das uns alle umgibt. Die Stärke dieser Ankoppelung ist ausschlaggebend dafür, wieviel Energie in die vielfältigen Systeme unseres Organismus strömen kann und sie bestimmt, wie gut die physiologischen Abläufe bei uns funktionieren.

## DIE »PRIMÄREN ENERGIEPRINZIPIEN« (PEPS)

Auf der Basis dieser quantenmechanischen Betrachtungs-
weise möchte ich den Lesern jetzt einige Regeln ange-
ben, die ihnen helfen sollen, pure Energie an die Stelle
der chronischen Müdigkeit treten zu lassen. Ich möchte
diese Regeln »primäre Energie-Prinzipien« nennen, abgekürzt »PEP«. In jedem Kapitel dieses Buches werden
neue PEPs dazukommen. Ich empfehle dem Leser, ein
Blatt Papier und einen Stift bereitzuhalten und während
der Lektüre des Buches die jeweils neu vorgestellten
PEPs zu notieren. Das fördert die Aufmerksamkeit und
hilft, sich die PEPs einzuprägen.

Das erste PEP erläutert, weshalb sich diese Prinzipien
so förderlich auf Ihre Gesundheit auswirken.

*PEP 1: Wissen und Einsicht sind eine strukturierende
Kraft. Durch die Körper-Geist-Rückkoppelung wirkt das
Wissen unmittelbar auf den Körper ein und schafft auf
diese Weise Gesundheit.*

Wissen ist heilsam im wörtlichen Sinn. Für die »Körper-
Geist-Medizin« sind Wissen und Einsicht die stärksten
Heilkräfte überhaupt. Das Aufschreiben und Beherzigen
der PEPs kann deshalb auf Körper und Geist wirken wie
die Verschreibung eines guten Medikaments. Das Aufschreiben hilft, die chemischen Botenstoffe unseres Organismus zu einer Ordnung zu fügen und so den Körper in
einem höchst wirklichen und sehr tiefen Sinn zu nähren,
zu heilen und wiederzubeleben. Hier sind vier weitere
PEPs zum Notieren:

*PEP 2: Energie ist das natürliche Lebenselixier. Energie ist
als umfassendes Energiefeld immer und überall in unbe-*

*grenzten Mengen vorhanden. Das ist die Urwahrheit der Natur.*

*PEP 3: Aus dem allumfassenden Feld ergießt sich ein natürlicher Energiestrom in das Körper-Geist-System. Müdigkeit entsteht, wenn dieser natürliche Strom aus dem Gleichgewicht gerät oder blockiert wird.*

*PEP 4: Blockierungen und Störungen des Gleichgewichts des Körper-Geist-Systems sind die Folge einer Störung des harmonischen Einklangs mit der Natur.*

*PEP 5: Einem ausgeglichenen Körper-Geist-System kann die Energie der Natur ungehindert zuströmen. Wenn man chronische Müdigkeit überwinden und überschäumende Energie gewinnen will, liegt der Schlüssel dazu in der Herstellung der Ausgewogenheit.*

Die fünf ersten PEPs verraten uns wichtige Einzelheiten über Energie und Ermüdung. Darüber hinaus beleuchten sie das Verhältnis jedes einzelnen Menschen zu unserem Universum. PEP 5 zum Beispiel beschäftigt sich mit der Ausgewogenheit – dem wichtigsten Thema dieses Buches. Gleichgewicht und Ausgeglichenheit sind das Ziel sämtlicher Techniken und Übungen, die in diesem Buch behandelt werden. Der Begriff *Gleichgewicht* sollte auf ganzheitliche Weise verstanden werden. Im Idealfall bedeutet er die gelungene Zusammenführung des Körperlichen und Spirituell-Geistigen auf sämtlichen Gebieten unseres Lebens.

In den folgenden Kapiteln werden Techniken und Übungen vorgestellt, mit denen Gleichgewicht und Ausgeglichenheit in vier Bereichen gewonnen werden können: im eigenen Körper, im Geist, im Verhalten und in der Welt um uns herum.

Die erste Technik ist das »Energieprotokoll«. Es ist eine Methode, die sich an Körper und Geist wendet und der Ermüdung entgegenwirkt. Dabei geht es ganz schlicht darum, daß man sich selbst die jeweiligen Energiezustände bewußt macht, die man im Laufe des Tages erlebt. Diese Übung leitet sich aus unserem ersten primären Energieprinzip ab: *Wissen und Einsicht sind eine strukturierende Kraft.* Man kann der chronischen Müdigkeit in der Tat allein schon dadurch zu Leibe rücken, daß man darauf achtet, wie man sich fühlt, und diese Selbstwahrnehmung verstärkt.

Warum soll man die Aufmerksamkeit auf das Auf und Ab der Energie lenken und nicht auf die Müdigkeit selbst? Unser sechstes PEP gibt uns die Antwort. Es wird als das »Prinzip des zweiten Elements« bezeichnet. Bitte notieren Sie:

*PEP 6: Das Prinzip des zweiten Elements besagt, daß bei jedem Problem die vollständige Bereinigung nicht auf der Ebene des Problems selbst erfolgen kann. Die Lösung ergibt sich vielmehr dann, wenn ein zweites Element eingeführt wird, das einen Kontrast bildet.*

Zur Erläuterung möchte ich eine kleine Geschichte erzählen. In einem dunklen Raum befinden sich mehrere Leute. Sie empfinden die Dunkelheit als die Ursache allen Übels: Sie können nicht sehen, was sie tun. Andauernd stoßen sie sich und prallen gegeneinander. Sie haben jede Menge Schwierigkeiten, die ihnen das Leben verleiden. Aber einige intelligente Leute setzen sich zusammen und überlegen, wie man dem Problem der Dunkelheit beikommen könnte. Sie gründen einen Ausschuß, der die möglichen Ursachen erforschen soll. Vielleicht stellen sie auch eine Typologie der verschiedenen Arten von Dunkelheit auf, aus der sie dann allerlei Möglichkeiten zur Abhilfe herzuleiten versuchen. Ein gewaltiger Energieaufwand fließt auf diese Weise in das Bemühen, das Problem der Dunkelheit auf der Ebene der Dunkelheit zu lösen.

Jedoch, mitten im emsigen Bemühen stolpert jemand gegen die Wand und betätigt zufällig den Lichtschalter. Plötzlich erstrahlt der Raum in hellem Licht und die Dunkelheit ist fort! Schlagartig erweist sich, daß nicht die Dunkelheit das Problem war. Das wirkliche Problem war das *Fehlen* von etwas anderem, von einem zweiten Element. In diesem Fall war es das Licht. Der Dunkelheit als solcher kam eigentlich keinerlei Wirklichkeit zu, außer in einem negativen Sinn – sie bestand lediglich daraus, daß ein positives Element *fehlte*.

Bei der Müdigkeit ist es ganz ähnlich. Sie ist letztlich das *Fehlen* einer positiven Kraft, der Energie. Wenn man hierauf das Prinzip des kontrastierenden Elements anwendet, bedeutet das, daß die Lösung gefunden werden kann, indem man sich auf die Energie konzentriert. Daher zielen sämtliche Techniken und Prinzipien, die im weiteren Verlauf noch behandelt werden, darauf ab, den Energiezustand des Körper-Geist-Systems zu heben. Anstatt uns von der Dunkelheit in den Bann schlagen zu lassen, werden wir uns darauf konzentrieren, wie man etwas Licht in die Stube bringt.

Damit Sie sich vergegenwärtigen können, wie das Auf und Ab ihres Energieflusses über den Verlauf von 24 Stunden aussieht, ist am Ende dieses Kapitels ein Vordruck für ein Energieprotokoll abgedruckt. Hier tragen Sie bitte dreimal täglich zu einem bestimmten Zeitpunkt Ihr jeweiliges Energieniveau ein. Der erste dieser wichtigen täglichen Momente ist unmittelbar nach dem Aufstehen, der zweite am Nachmittag um 16 Uhr und der letzte abends um 20 Uhr.

Zur Bewertung des Energiezustandes sollten Sie sich ruhig hinsetzen und die Aufmerksamkeit durch Ihren ganzen Körper strömen lassen. Am besten an einem Ort, wo man ungestört ist und sich für diese Übung ein paar Minuten Zeit lassen kann. Vielleicht hilft es Ihnen, wenn sie dabei die Augen schließen und ruhig und gleichmäßig weiteratmen. Wenn sie soweit sind, dann geben Sie sich selbst die entsprechende Note für Ihren Energiezustand und tragen diese in das Diagramm ein. In die Zeilen für »Bemerkungen« notieren Sie alle jene Tätigkeiten oder Begebenheiten, die Ihren Energiezustand beeinflußt haben könnten.

Dieses Protokoll gibt Ihnen die Möglichkeit zu einer schärferen Wahrnehmung dessen, was in ihrem Körper vorgeht, und das gibt Ihnen eine Handhabe zur Beseitigung der Unausgeglichenheiten, die der chronischen Müdigkeit zugrunde liegen. Dieses Protokoll liefert Ihnen auch immer einen schriftlichen Beleg für Ihre Fortschritte, wenn Sie später die weiter hinten in diesem Buch beschriebenen Techniken und Übungen anwenden. Sie werden auf einen Blick feststellen können, wie die Müdigkeit zunehmend von Energie verdrängt wird, während ihr Organismus allmählich wieder ins Gleichgewicht kommt.

Vergessen Sie nicht: Der Schlüssel für die Überwindung der Müdigkeit und für ein Leben voller Energie, Schwung und Erfüllung ist die Ausgeglichenheit. Ein Leben in Harmonie mit dem Universum um uns herum und in uns selbst wird Ihnen einen Zustrom von Energie bescheren, der alle Ihre bisherigen Erfahrungen und Vorstellungen sprengt.

**ENERGIE-PROTOKOLL**

| | Sonntag | | | Montag | | | Dienstag | | | Mittwoch | | | Donnerstag | | | Freitag | | | Samstag | | |
|---|---|---|---|---|---|---|---|---|---|---|---|---|---|---|---|---|---|---|---|---|---|
| | früh | 16.00 | 20.00 | früh | 16.00 | 20.00 | früh | 16.00 | 20.00 | früh | 16.00 | 20.00 | früh | 16.00 | 20.00 | früh | 16.00 | 20.00 | früh | 16.00 | 20.00 |
| 10 | 10 | 10 | 10 | 10 | 10 | 10 | 10 | 10 | 10 | 10 | 10 | 10 | 10 | 10 | 10 | 10 | 10 | 10 | 10 | 10 | 10 |
| 9 | 9 | 9 | 9 | 9 | 9 | 9 | 9 | 9 | 9 | 9 | 9 | 9 | 9 | 9 | 9 | 9 | 9 | 9 | 9 | 9 | 9 |
| 8 | 8 | 8 | 8 | 8 | 8 | 8 | 8 | 8 | 8 | 8 | 8 | 8 | 8 | 8 | 8 | 8 | 8 | 8 | 8 | 8 | 8 |
| 7 | 7 | 7 | 7 | 7 | 7 | 7 | 7 | 7 | 7 | 7 | 7 | 7 | 7 | 7 | 7 | 7 | 7 | 7 | 7 | 7 | 7 |
| 6 | 6 | 6 | 6 | 6 | 6 | 6 | 6 | 6 | 6 | 6 | 6 | 6 | 6 | 6 | 6 | 6 | 6 | 6 | 6 | 6 | 6 |
| 5 | 5 | 5 | 5 | 5 | 5 | 5 | 5 | 5 | 5 | 5 | 5 | 5 | 5 | 5 | 5 | 5 | 5 | 5 | 5 | 5 | 5 |
| 4 | 4 | 4 | 4 | 4 | 4 | 4 | 4 | 4 | 4 | 4 | 4 | 4 | 4 | 4 | 4 | 4 | 4 | 4 | 4 | 4 | 4 |
| 3 | 3 | 3 | 3 | 3 | 3 | 3 | 3 | 3 | 3 | 3 | 3 | 3 | 3 | 3 | 3 | 3 | 3 | 3 | 3 | 3 | 3 |
| 2 | 2 | 2 | 2 | 2 | 2 | 2 | 2 | 2 | 2 | 2 | 2 | 2 | 2 | 2 | 2 | 2 | 2 | 2 | 2 | 2 | 2 |
| 1 | 1 | 1 | 1 | 1 | 1 | 1 | 1 | 1 | 1 | 1 | 1 | 1 | 1 | 1 | 1 | 1 | 1 | 1 | 1 | 1 | 1 |
| 0 | 0 | 0 | 0 | 0 | 0 | 0 | 0 | 0 | 0 | 0 | 0 | 0 | 0 | 0 | 0 | 0 | 0 | 0 | 0 | 0 | 0 |

## IHR ENERGIEPROTOKOLL

Halten Sie dreimal am Tag inne und bewerten Sie Ihren
Energiezustand, kurz nach dem Aufwachen, nachmittags
um 16 Uhr und abends um 20 Uhr. Setzen Sie sich ruhig
hin, und lassen Sie Ihre Aufmerksamkeit durch sämtliche
Regionen Ihres Körpers strömen. Bewerten Sie ihren Energiezustand mit einer Zahl zwischen 0 und 10. Kreuzen
Sie in Ihrem Protokoll die Note an, die dem Energiezustand, wie Sie ihn empfinden, am ehesten entspricht:

    0  = Überhaupt keine Energie
    5  = Müdigkeit und Energie halten sich die Waage
    10 = Sie sind »voll da«, Energie und Vitalität könnten
         besser nicht sein

Verbinden Sie am Ende der Woche die einzelnen ange-
kreuzten Werte mit einer Linie zu einem Diagramm, das
den allgemeinen Entwicklungstrend Ihres Energiezustandes zeigt.

*Bemerkungen zum Energie-Protokoll:*

_____

_____

_____

_____

_____

## 2 IHRE KÖRPERLICH-GEISTIGE KONSTITUTION IST EINMALIG: DIE AYURVEDISCHEN KONSTITUTIONSTYPEN

Das Universum ist ein unerschöpfliches Vorratsbecken von unvorstellbaren Mengen an Energie – und Sie selbst sind Ausdruck und Verkörperung dieser Energie. Die gleiche Kraft, die die Planeten um die Sonne kreisen läßt, wohnt in jedem einzelnen Menschen, und auch in Ihnen ist sie im Überfluß vorhanden. In jeder einzelnen Zelle unseres Organismus ist sie gegenwärtig, und sie ist die Kraftquelle sämtlicher physiologischen Prozesse in unserem Organismus.

Dieses Buch hat sich zum Ziel gesetzt, Sie, liebe Leser, wieder in Kontakt zu bringen mit diesem verborgenen Vorrat von unerschöpflicher biologischer Energie, damit diese Kraftquelle jedem von uns in unserem täglichen Leben unbeschränkt zur Verfügung steht.

Im ersten Kapitel haben wir gesehen, wie wir Zugang finden zu unserer inneren Kraftquelle, indem wir Gleichgewicht und Harmonie herstellen. Damit uns das gelingen kann, müssen wir aber zuvor über unser individuelles Körper-Geist-System etwas sehr Wichtiges in Erfahrung bringen.

Von der Wiege bis zum Grab hat jede und jeder von uns ihre oder seine ganz persönliche Konstitution, die sich unentwegt in Dutzenden von Verhaltens- und Körpermerkmalen darstellt. Alle diese Eigenheiten sind natürlich der Ausdruck von ein und derselben darunterliegenden Wirklichkeit. Sie sind sämtlich Quantenfluktuationen desselben allgemeinen Feldes. Wir wollen diese Gesamtheit aller unserer geistigen und körperlichen Merkmale unseren »Körper-Geist« nennen. Wenn das Gleichgewicht wiederhergestellt werden soll, besteht der erste und alles entscheidende Schritt darin, daß wir uns mit den grundlegenden Elementen unseres Körper-Geistes vertraut machen.

Die Gedankenwelt dieses Kapitels und der noch folgenden, stützt sich auf die modernsten Erkenntnisse der westlichen Medizin und gleichzeitig auf die altindischen Traditionen des *Ayurveda*. Der Ayurveda ist das älteste System von gesundheitsbezogenem und ärztlichem Wissen, das die Welt kennt. Ayurveda – das Wort ist Sanskrit und bedeutet soviel wie »Wissenschaft vom Leben« – ist das umfassendste System der Körper-Geist-Medizin, das jemals entwickelt wurde. Es bietet nicht nur einen reichen Schatz von theoretischem Wissen, sondern auch breitgefächerte praktische Verfahrensweisen zur Erhaltung und Verbesserung der Gesundheit. Der auf den Körper-Geist bezogene ayurvedische Ansatz hat sich in der klinischen Praxis bei Hunderten von Gesundheitsstörungen bewährt, bei banalen Infekten ebenso wie bei Krebserkrankungen. Zudem hat er sich ganz besonders bewährt bei der Überwindung von chronischer Müdigkeit.

Es ist eine leidige Tatsache, daß sich die Schulmedizin mehr mit den Unterschieden zwischen den einzelnen Krankheiten befaßt als mit der Unterschiedlichkeit der einzelnen Menschen. Die ayurvedische Medizin dagegen berücksichtigt, daß die unterschiedlichen Eigenschaften der einzelnen Menschen von ganz entscheidender Bedeutung sind, wenn es darum geht, die Gesundheit wieder herzustellen, zu verbessern und zu bewahren. Wir sind von Beweisen für die Richtigkeit dieses Vorgehens umgeben. Wer hat nicht schon mal bemerkt, daß sich an einem kühlen Herbsttag manche Leute sich mit Mantel, Schal und Handschuhen winterlich vermummen, während andere noch im kurzärmeligen Hemd herumlaufen, als ob es ewig Sommer wäre. In ähnlicher Weise gibt es Menschen, die mühelos gewaltige Portionen verdrücken und verdauen können und nach zwei bis drei Stunden trotzdem schon wieder hungrig sind – während andere bei einer Mahlzeit nur kleine Portionen bewältigen können, länger verdauen und erst viele Stunden später wieder Appetit bekommen. Diese Unterschiedlichkeiten der grundlegenden physiologischen Eigenschaften der Menschen führen unweigerlich zu der Erkenntnis, daß es verschiedene Konstitutionstypen gibt.

Was für die unterschiedlichen Eßgewohnheiten gilt, zeigt sich auch hinsichtlich der Ermüdung und der Energiegeladenheit. Wir alle haben schon Menschen erlebt, deren Kräfte allem Anschein nach unerschöpflich sind. Sie stehen sehr früh auf, haben gar zuvor kaum geschlafen, sind den ganzen Tag voll auf dem Posten, am Abend gehen sie noch aus oder widmen sich weiter ihrer Arbeit – und das halten sie durch, Tag für Tag, ohne jemals einen erschöpften Eindruck zu machen.

Dann gibt es andere – zu denen vielleicht auch Sie gehören – denen allein schon die Erledigung der Alltagsarbeit das Letzte abverlangt – oder vielleicht sogar schon das bloße Aufstehen am Morgen.

Selbstverständlich bedingt auch ein mehr oder minder aktiver oder träger Stoffwechsel eine entsprechend bessere oder schlechtere Versorgung mit Energie. Wir alle haben unsere »biologische Persönlichkeit«. In der ayurvedischen Medizin wird diese Persönlichkeit anhand von psychischen und körperlichen Merkmalen definiert.

In diesem Buch werden wir der Einfachheit halber den

Begriff »Konstitutionstyp« benutzen, wobei »Konstitution« als die Gesamtheit der körperlichen und geistigen
Merkmale eines Menschen verstanden werden soll. Das
ayurvedische Wort für Konstitutionstyp lautet *prakriti.*
Dies ist ein Wort aus dem Sanskrit, das wörtlich übersetzt
»Natur« bedeutet. Der ayurvedische Konstitutionstyp ist
nichts Geringeres als die höchstpersönliche Natur eines
Menschen. Der Konstitutionstyp ist wie eine Konstrukti-
onszeichnung, in der sämtliche angeborenen Tendenzen
und Möglichkeiten vermerkt sind, die ein Organismus in
sich trägt.

Wenn man den eigenen Konstitutionstyp kennt und
versteht, gewinnt man wesentliche Informationen darüber, wie man die dem Organismus innewohnende Intelligenz wiedererwecken und den Zugriff auf die eigene
innere Kraft gewinnen kann. Um die verschiedenen Konstitutionstypen zu bestimmen, widmet sich der ayurvedische Ansatz jenem hochinteressanten Bereich, wo das
Körperlich-Materielle und das Psychisch-Geistige zusam-
mentreffen. Zudem liefert uns dieser Bereich das Verständnis dafür, was chronische Müdigkeit eigentlich ist.

Im ersten Kapitel wurde dargestellt, daß das Psychische und das Körperliche untrennbar miteinander verbunden sind. Alles, was in der Psyche geschieht, ruft
gleichzeitig einen entsprechenden Vorgang im Körper
hervor, nämlich eine chemische Reaktion, bei der Neuropeptide erzeugt werden. Der Ayurveda kennt drei gestal-
tende Grundprinzipien, *doshas* genannt, die an dieser
Nahtstelle zwischen den beiden Seiten unserer persönlichen Existenz wirksam werden. Diese drei Doshas – sie
heißen *vata, pitta* und *kapha* – können mühelos auch mit
Begriffen der modernen Wissenschaft definiert werden,
und diese Definition ist unser nächstes primäres Energieprinzip.

*PEP 7: Vata, Pitta und Kapha sind die grundlegenden*
*quantenmechanischen körperlich-geistigen Mechanismen,*
*die im gesamten Organismus das Strömen der Intelligenz*
*und der Energie regeln.*

Über die Doshas könnte man sich lang und breit auslassen, aber ihre grundsätzlichen Wirkungsbereiche lassen
sich einfach und umfassend definieren:

Das Vata-Dosha ist als herrschendes Prinzip für die
Regulierung sämtlicher Bewegungsvorgänge im Organismus zuständig. Das Pitta-Dosha reguliert den Stoffwechsel und die Verdauung. Das Kapha-Dosha schließlich ist verantwortlich für die körperliche Struktur und
den Flüssigkeitshaushalt. Keine Zelle unseres Körpers
ist lebensfähig, wenn sie nicht diese drei Prinzipien in
sich enthält.

Wir brauchen Vata für die Mobilität des Körpers, für
die Atmung, den Blutkreislauf, für die Beförderung der
Nahrung durch den Verdauungstrakt und für die Über-
mittlung der Nervenimpulse zum und vom Gehirn.

Wir brauchen Pitta, um Nahrung, Luft und Wasser mit
unseren verschiedenen dafür vorgesehenen Organen aufnehmen und verwerten zu können.

Und schließlich brauchen wir Kapha, oder Struktur,
damit unsere Zellen nicht auseinanderfallen, und damit
Muskeln, Fett, Knochen und Bindegewebe gebildet werden können.

Die Natur verwendet und braucht alle drei Prinzipien
oder Doshas, um menschliches Leben hervorzubringen
und aufrechtzuerhalten. Allerdings sind bei jedem von
uns die jeweiligen Anteile der Doshas an der Grundkon-
stitution verschieden. Wenn man zum Beispiel sagt, ein
bestimmter Mensch sei ein »Vata-Typ«, dann bedeutet das,
daß im Wesen dieses Menschen die Vata-Merkmale be-

sonders stark ausgeprägt sind. Bei Pitta- oder Kapha-
Typen dominieren die jeweils für Pitta oder Kapha cha-
rakteristischen Eigenschaften.

Wenn man seinen eigenen Konstitutionstyp kennt und
versteht, erhält man die Möglichkeit, die Ernährung, den
Tagesablauf und sogar die unwillkürlichen Verhaltensweisen in ein vollkommenes Gleichgewicht mit den Möglichkeiten und Bedürfnissen des eigenen Organismus zu
bringen – und den Zugang zu den inneren Kraftreserven
zu finden.

Wir wollen nun näher auf die Merkmale der drei Konstitutionstypen eingehen.

## VATA

Vata ist das Prinzip der Bewegung. Der Vata-Einfluß auf
den Menschen kann mit der Wirkung des Windes in der
Natur verglichen werden. Wie der Wind ist auch Vata immer in Bewegung und von seiner Wesensart her flink,
kalt, trocken, rauh und leicht. Bei Vata-Menschen sind
diese Eigenschaften besonders ausgeprägt.

### DER VATA-TYP – MERKMALE UND TYPISCHE VERHALTENSWEISEN

Leichter und zarter Körperbau
Macht alles zügig
Hat unregelmäßigen Appetit und eine unregelmäßige
    Verdauung
Hat einen leichten Schlaf, schläft selten durch, neigt zu
    Schlaflosigkeit
Ist begeisterungsfähig, temperamentvoll und ideenreich

Ist leicht erregbar, hat stark wechselnde Stimmungen

Hat eine gute Auffassungsgabe, neigt aber zu Vergeßlich-
keit

Ist schnell beunruhigt

Neigt zu Verstopfung

Wird schnell müde und hat den Hang, sich zuviel zuzumuten

Die Kräfte von Körper und Geist kommen schubweise

Kann zu jeder Tages- und Nachtzeit plötzlich Hunger bekommen.

Schätzt Trubel und ständigen Wechsel

Geht fast jeden Abend zu einer anderen Zeit ins Bett

Kann Mahlzeiten überspringen, neigt überhaupt dazu,
ein unregelmäßiges Leben zu führen

Verträgt manche Speisen an einem Tag gut, am nächsten
Tag aber überhaupt nicht

Hat spontane Gefühlsausbrüche, die aber nicht lange
anhalten

Hat einen raschen Gang und ist gut zu Fuß

Die Grundeinstellung des Vata-Typs ist »Heute so und
morgen so«. Vata-Menschen sind ziemlich unberechenbar
und viel weniger festgelegt als der Pitta- oder Kapha-Typ.
Die bunte Vielfalt ihrer äußeren Erscheinungsformen, ihrer Gestalt, ihrer Stimmungen und ihrer Verhaltensweisen
ist bei ihnen das einzige gleichbleibende Merkmal.

## PITTA

Das Pitta-Dosha regelt die Verdauung und den Stoffwechsel. Pitta ist der Aufseher über alle biochemischen
Umwandlungsprozesse, die im Organismus ablaufen, also
den Stoffwechsel. Es steht in enger Beziehung zur kör-

pereigenen Hormon- und Enzymproduktion. Pitta wirkt im Organismus in ähnlicher Weise wie das Feuer in der Natur – es verbrennt, wandelt um und zerlegt in Bestandteile. Pitta ist heiß, scharf und ätzend – Eigenschaften, die auch beim Pitta-Menschentyp hervorstechen.

## DER PITTA-TYP – MERKMALE UND TYPISCHE VERHALTENSWEISEN

Mittlerer Körperbau

Kraft und Stehvermögen sind bei ihm durchschnittlich gut ausgeprägt

Hat nagenden Hunger, brennenden Durst und eine gesegnete Verdauung

Unter Druck wird er schnell zornig und reizbar

Sein Teint ist hell oder rosa, oft auch sommersprossig

Sonne und heißes Wetter mag er nicht

Hat ein unternehmungslustiges Wesen und schätzt Herausforderungen

Hat einen scharfen Verstand

Spricht klar und deutlich

Kann keine Mahlzeit überspringen, und falls das Essen einmal eine halbe Stunde auf sich warten läßt, kommt er vor Hunger fast um

Sein Haar ist blond, hellbraun oder rötlich bis rot

Lebt nach der Uhr und haßt Zeitvergeudung

Wacht gelegentlich verschwitzt und mit glühendem Kopf mitten in der Nacht auf

Übernimmt gern die Führung oder fühlt sich zumindest dazu berufen

Muß gelegentlich feststellen, daß andere ihn als zu anspruchsvoll, zu spöttisch oder zu kritisch empfinden

Hat einen zielstrebigen Schritt

Das Leitmotiv des Pitta-Typs ist Intensität. Flammend rotes Haar und eine rosige Gesichtsfarbe, Ehrgeiz und schonungslose Offenheit, Kühnheit und die Neigung zu Streitsucht und Eifersucht – all dies weist auf eine gehörige Portion Pitta hin. Die kämpferischen und aggressiven Züge von Pitta müßten jedoch nicht notwendig auf vordergründige und derbe Weise hervortreten. Wenn das Pitta im Gleichgewicht ist, sind Pitta-Menschen ausgesprochen warmherzige, liebevolle und zufriedene Zeitgenossen.

## KAPHA

Das Kapha-Dosha sorgt im Organismus für Gestalt und Struktur. Nach ayurvedischem Verständnis entspricht Kapha dem Erd- und Wasserprinzip der Natur. Kapha ist typischerweise schwer, stabil, beständig, kalt, fettig, stumpf und weich. Der Kapha-Typ verkörpert alle diese Merkmale.

### DER KAPHA-TYP – MERKMALE UND TYPISCHE VERHALTENSWEISEN

Stabile und kräftige Statur, hat viel Kraft und Ausdauer
Seine Energie fließt beständig, seine Bewegungen sind anmutig und gemessen
Hat ein ruhiges und ausgeglichenes Wesen, regt sich nicht so schnell auf
Seine Haut ist kühl, glatt, hell, fleischig und manchmal auch fett
Nimmt Neues langsam auf, hat aber ein hervorragendes Gedächtnis
Schläft tief und ausgiebig

Neigt zu Übergewicht

Hat eine träge Verdauung und einen mäßigen Appetit

Ist warmherzig, tolerant und nicht nachtragend

Kann besitzergreifend und selbstzufrieden werden

Läßt sich vor einer Entscheidung alles lange durch den
   Kopf gehen

Wird nur allmählich wach, liegt danach noch eine Weile
   im Bett, braucht morgens als erstes eine Tasse Kaffee
   oder Tee

Er fühlt sich in den bestehenden Verhältnissen wohl und
   setzt sich vermittelnd dafür ein, daß alles beim alten
   bleibt

Er respektiert die Gefühle der anderen

Sucht Trost im Essen

Hat anmutige Bewegungen und selbst bei Übergewicht
   einen geschmeidigen Gang und oft wässrige Augen

Kapha-Frauen und -Männer sind vor allem eines: entspannt und gelassen. Aus dem Kapha-Dosha erfließen Stabilität und Beständigkeit sowie die körperliche Kraft und
Ausdauer, die das solide Erscheinungsbild eines typischen
Kapha-Menschen bestimmen. Im Ayurveda gelten Kaphas
als vom Schicksal begünstigt, da sie im allgemeinen eine
gute Gesundheit haben und der Welt froh und heiter gegenübertreten.

## WIE SIE IHREN KONSTITUTIONSTYP ERMITTELN KÖNNEN

Im vorigen Teil des Buches ging es darum, die Doshas
vorzustellen, zu erklären und zu zeigen, worin sie sich
voneinander unterscheiden. Es ist wichtig zu wissen, daß
die große Mehrheit der Menschen vom Konstitutionstyp

her eine Kombination von zwei und in seltenen Fällen auch von drei prägenden Doshas haben.

Die praktische Seite dieser Überlegung wird sich deutlicher zeigen, sobald sie den folgenden Fragebogentest gemacht haben, bei dem Sie Ihre maßgeblichen Doshas ermitteln können. Bevor Sie weiterlesen, sollten Sie sich eine halbe Stunde Zeit nehmen und den folgenden Fragebogen ausfüllen und auswerten.

## FRAGEBOGEN

Der Fragebogen ist in drei Abschnitte gegliedert. Lesen Sie zunächst die ersten 20 Fragen, die sich auf das Vata-Dosha beziehen, und kreuzen Sie je nach dem Grad Ihrer Zustimmung einen der Werte zwischen 0 und 6 an:

0 = trifft bei mir nicht zu
3 = trifft bei mir manchmal zu
6 = trifft so gut wie immer zu

Notieren Sie am Ende des ersten Abschnitts ihr Vata-Gesamtergebnis. Haben Sie zum Beispiel bei der ersten Frage die 6 angekreuzt, bei der zweiten die 3 und bei der dritten die 2, dann ist Ihr Vata-Wert bis zu dieser Stelle 6+3+2 = 11. Wenn Sie die Ergebnisse von allen 20 Fragen des Abschnitts »Vata« auf diese Weise zusammenzählen, erhalten Sie Ihre Vata-Punktezahl. Fahren Sie anschließend auf dieselbe Weise mit den Fragen zu Pitta und Kapha fort.

Am Ende haben Sie für jedes einzelne der drei Doshas eine bestimmte Punktezahl. Indem Sie diese drei Werte miteinander vergleichen, können Sie Ihren Konstitutionstyp bestimmen.

Bei den Fragen nach Ihren körperlichen Merkmalen wird Ihnen die zutreffende Bewertung wahrscheinlich nicht besonders schwer fallen. Bei den etwas kniffligeren Fragen nach geistigen Merkmalen und nach Verhaltensweisen sollten Sie jene Zahl ankreuzen, die Ihrem Befinden oder Verhalten während Ihres bisherigen Lebens oder doch zumindest während der letzten Jahre am ehesten entspricht.

| **Vata-Typ** | Trifft nicht zu | | | Trifft gelegentlich zu | | | Trifft meist zu | |
|---|---|---|---|---|---|---|---|---|
| 1 Ich mache alles zügig. | 0 | 1 | 2 | 3 | 4 | 5 | 6 |
| 2 Ich kann mir schlecht etwas merken. Die Dinge entfallen mir oft. | 0 | 1 | 2 | 3 | 4 | 5 | 6 |
| 3 Ich bin lebhaft und begeisterungsfähig. | 0 | 1 | 2 | 3 | 4 | 5 | 6 |
| 4 Ich habe einen leichten Körperbau; zunehmen ist für mich schwierig. | 0 | 1 | 2 | 3 | 4 | 5 | 6 |
| 5 Ich kann Neues schnell aufnehmen. | 0 | 1 | 2 | 3 | 4 | 5 | 6 |
| 6 Ich habe einen raschen und leichtfüßigen Gang. | 0 | 1 | 2 | 3 | 4 | 5 | 6 |
| 7 Ich kann mich schwer entscheiden. | 0 | 1 | 2 | 3 | 4 | 5 | 6 |
| 8 Ich neige zu Blähungen oder zur Verstopfung. | 0 | 1 | 2 | 3 | 4 | 5 | 6 |
| 9 Ich bekomme leicht kalte Hände und Füße. | 0 | 1 | 2 | 3 | 4 | 5 | 6 |
| 10 Ich bin häufig besorgt und ängstlich. | 0 | 1 | 2 | 3 | 4 | 5 | 6 |

| **Vata-Typ** | Trifft nicht zu | | | Trifft gelegentlich zu | | | Trifft meist zu |
|---|---|---|---|---|---|---|---|

11 Ich ertrage kaltes Wetter nicht so gut wie andere Menschen.
    0  1  2  3  4  5  6

12 Ich spreche rasch und gelte im Bekanntenkreis als redselig.
    0  1  2  3  4  5  6

13 Meine Stimmungen wechseln schnell, und ich bin ziemlich stimmungsabhängig.
    0  1  2  3  4  5  6

14 Ich kann oft nur schlecht einschlafen und werde nachts häufig wach.
    0  1  2  3  4  5  6

15 Ich neige zu trockener Haut, besonders im Winter.
    0  1  2  3  4  5  6

16 Mein Geist ist rege, ich bin stets ideenreich, aber gelegentlich auch rastlos.
    0  1  2  3  4  5  6

17 Meine Bewegungen sind rasch und lebhaft. Meine Energie kommt schubweise.
    0  1  2  3  4  5  6

18 Ich bin leicht erregbar.
    0  1  2  3  4  5  6

19 Ich neige zu unregelmäßigen Eß- und Schlafgewohnheiten.
    0  1  2  3  4  5  6

20 Ich lerne schnell und vergesse schnell wieder.
    0  1  2  3  4  5  6

*Vata-Punktezahl:*

| *Pitta-Typ* | Trifft nicht zu | | | Trifft gelegentlich zu | | | Trifft meist zu |
|---|---|---|---|---|---|---|---|
| 1 Ich halte mich für sehr tüchtig. | o | 1 | 2 | 3 | 4 | 5 | 6 |
| 2 Ich bin extrem genau und ordentlich. | o | 1 | 2 | 3 | 4 | 5 | 6 |
| 3 Ich habe einen starken Willen und kann mich gut durchsetzen. | o | 1 | 2 | 3 | 4 | 5 | 6 |
| 4 Heißes Wetter ist mir unangenehm und ich fühle mich eher als andere Menschen schlapp. | o | 1 | 2 | 3 | 4 | 5 | 6 |
| 5 Ich komme schnell ins Schwitzen. | o | 1 | 2 | 3 | 4 | 5 | 6 |
| 6 Ich bin schnell gereizt oder verärgert, auch wenn ich es nicht immer zeige. | o | 1 | 2 | 3 | 4 | 5 | 6 |
| 7 Wenn ich eine Mahlzeit überspringe oder mein Essen verspätet bekomme, fühle ich mich unwohl. | o | 1 | 2 | 3 | 4 | 5 | 6 |
| 8 Mein Haar weist mindestens eines von diesen Merkmalen auf: frühzeitig grau, Haarausfall, dünn, seidig, glatt, (rot)blond, sandfarben. | o | 1 | 2 | 3 | 4 | 5 | 6 |
| 9 Ich habe einen gesegneten Appetit und kann große Portionen essen. | o | 1 | 2 | 3 | 4 | 5 | 6 |
| 10 Manche Leute halten mich für stur. | o | 1 | 2 | 3 | 4 | 5 | 6 |

| *Pitta-Typ* | Trifft nicht zu | | Trifft gelegentlich zu | | | Trifft meist zu | |
|---|---|---|---|---|---|---|---|

11 Ich habe eine regelmäßige Verdauung und neige eher zu Durchfall als zu Verstopfung.
     0   1   2   3   4   5   6

12 Ich verliere leicht die Geduld.
     0   1   2   3   4   5   6

13 Ich habe einen Hang zum Perfektionismus.
     0   1   2   3   4   5   6

14 Ich brause schnell auf, aber genau so schnell vergesse ich den Vorfall wieder.
     0   1   2   3   4   5   6

15 Ich liebe Speiseeis und eisgekühlte Getränke.
     0   1   2   3   4   5   6

16 Mir ist es in Innenräumen eher zu warm als zu kühl.
     0   1   2   3   4   5   6

17 Ich vertrage keine scharfen und stark gewürzten Speisen.
     0   1   2   3   4   5   6

18 Ich sollte toleranter sein als ich bin.
     0   1   2   3   4   5   6

19 Ich schätze Herausforderungen und verfolge hartnäckig meine Ziele.
     0   1   2   3   4   5   6

20 Ich kritisiere an anderen und an mir selbst gern herum.
     0   1   2   3   4   5   6

*Pitta-Gesamtwert:*

## *Kapha-Typ*

| | Trifft nicht zu | | Trifft gelegentlich zu | | Trifft meist zu | |
|---|---|---|---|---|---|---|

1 Ich habe einen ruhigen und gelassenen Arbeits- und Lebensstil.     0  1  2  3  4  5  6

2 Ich nehme leichter zu und schwerer wieder ab als andere.     0  1  2  3  4  5  6

3 Ich bin von Natur aus ruhig und gelassen und bin schwer aus der Fassung zu bringen.     0  1  2  3  4  5  6

4 Ich kann problemlos eine Mahlzeit überspringen.     0  1  2  3  4  5  6

5 Ich neige zu: Verschleimung, Trägheit, Verstopfung, Asthma, Nebenhöhlenentzündung.     0  1  2  3  4  5  6

6 Ich brauche mindestens meine acht Stunden Schlaf, sonst fühle ich mich am nächsten Tag nicht wohl.     0  1  2  3  4  5  6

7 Ich habe einen tiefen Schlaf.     0  1  2  3  4  5  6

8 Ich rege mich selten auf.     0  1  2  3  4  5  6

9 Andere lernen schneller, dafür kann ich mir alles besser merken.     0  1  2  3  4  5  6

10 Ich neige zu Fülle und Übergewicht.     0  1  2  3  4  5  6

11 Feuchtkaltes Wetter ist mir zuwider.     0  1  2  3  4  5  6

12 Mein Haar ist dicht, dunkel und gewellt.     0  1  2  3  4  5  6

13 Ich habe weiche, glatte und bläßliche Haut.     0  1  2  3  4  5  6

| *Kapha-Typ* | Trifft nicht zu | | Trifft gelegentlich zu | | Trifft meist zu | |
|---|---|---|---|---|---|---|
| 14 Ich habe einen kräftigen Körperbau. | 0 | 1 | 2 | 3 | 4 | 5 | 6 |
| 15 Ich bin von Natur aus heiter, umgänglich, herzlich, nicht nachtragend. | 0 | 1 | 2 | 3 | 4 | 5 | 6 |
| 16 Mein Magen arbeitet bedächtig; nach dem Essen fühle ich mich deshalb meistens schlapp. | 0 | 1 | 2 | 3 | 4 | 5 | 6 |
| 17 Ich habe ein hervorragendes Stehvermögen, große körperliche Ausdauer und Kraftreserven. | 0 | 1 | 2 | 3 | 4 | 5 | 6 |
| 18 Ich habe im allgemeinen einen gemächlichen und gemessenen Schritt. | 0 | 1 | 2 | 3 | 4 | 5 | 6 |
| 19 Ich habe einen Hang zu Langschläferei; morgens komme ich nur schlecht in Gang. | 0 | 1 | 2 | 3 | 4 | 5 | 6 |
| 20 Ich esse mit Bedacht und gehe überhaupt methodisch und ohne Hast zur Sache. | 0 | 1 | 2 | 3 | 4 | 5 | 6 |

*Kapha-Gesamtwert:*

*Gesamtwerte: Vata _____ Pitta _____ Kapha _____*

**Auswertung**

Nachdem Sie nun die jeweilige Punktezahl Ihrer drei Doshas ermittelt haben, können Sie jetzt Ihren persönlichen
Konstitutionstyp bestimmen. Es gibt zwar nur drei Doshas, aber in der ayurvedischen Lehre gibt es zehn verschiedene Konstitutionstypen, die sich je nach den Punk-
tezahlen aus den einzelnen Doshas zusammensetzen.

EINFACHE DOSHA-DOMINANZ

Eine einfache Dosha-Dominanz ergibt sich aus einer wesentlich höheren Punktezahl bei einem Ihrer Doshas gegenüber den anderen Doshas.

Konstitutionstypen mit einfacher Dosha-Dominanz sind:

Vata
Pitta
Kapha

Sie sind ganz eindeutig ein Typ mit einfacher Dominanz,
wenn bei einem Ihrer Doshas die Punktzahl doppelt so
hoch liegt wie bei den anderen (zum Beispiel Vata – 90,
Pitta – 45, Kapha – 35). Auch bei etwas kleineren Punkt-
unterschieden gehören Sie noch in diese Kategorie. Beim
Ein-Dosha-Typ dominieren die Eigenschaften des stärksten Doshas – sei es nun Vata, Pitta oder Kapha. Das
Dosha mit der zweithöchsten Punktzahl ist dann in den
natürlichen Anlagen ebenfalls noch wirksam, aber es wird
sich weitaus weniger deutlich bemerkbar machen.

## DOPPELTE DOSHA-DOMINANZ

Wenn bei Ihnen kein einzelnes Dosha eindeutig domi-
niert, gehören Sie zum Konstitutionstyp mit doppelter
Dosha-Dominanz. Diese Typen sind (das relativ stärkste
Dosha steht immer voran):

Vata-Pitta oder Pitta-Vata
Pitta-Kapha oder Kapha-Pitta
Vata-Kapha oder Kapha-Vata

Bei Typen mit doppelter Dosha-Dominanz sind die Merkmale der beiden führenden Doshas besonders gut ausgeprägt. Das Dosha mit der höchsten Punktezahl ist in
Ihrem Konstitutionstyp tonangebend, aber auch das andere Dosha wird sich deutlich Geltung verschaffen.

Die meisten Menschen haben einen Konstitutionstyp
mit doppelter Dosha-Dominanz. Die Punktzahlen für die
einzelnen Doshas könnten dabei folgendermaßen ausse-
hen: Vata – 80, Pitta – 90, Kapha – 20. Wenn das Ihr Ergebnis wäre, müßten Sie sich als Pitta-Vata-Typ einstufen.

## DREI-DOSHA-TYP

Bei drei nahezu gleichen Punktzahlen für jedes der drei
Doshas zählen Sie zum Drei-Dosha-Typ:

Vata-Pitta-Kapha

Der Drei-Dosha-Typ, also der Vata-Pitta-Kapha-Konstitu-
tionstyp, ist von allen Typen der seltenste. Bei diesem Ergebnis sollten Sie Ihre Antworten noch einmal überprüfen, am besten zusammen mit jemandem, der Sie gut

kennt. Gehen Sie noch einmal die Beschreibungen der einzelnen Doshas auf den Seiten 29-33 durch, und überlegen Sie sich, ob nicht doch eines oder zwei davon in Ihrer Persönlichkeit stärker ausgeprägt sind.

Jetzt sind wir also soweit, daß Sie ihren eigenen Konstitutionstyp kennen. Sie sollten sich nun noch einmal die Eigenschaften und Merkmale jener Doshas vergegenwärtigen, die in ihrem speziellen Organismus am Werk sind. Für die praktischen Übungen, die in den folgenden Kapiteln vorgestellt werden, ist es von großem Nutzen, wenn man sich ein genaues Bild davon gemacht hat.

Vor allem über eines muß man sich immer im klaren sein: In der ayurvedischen Lehre über die Beziehung von Körper und Geist ergibt sich der Zustand vollkommener körperlicher und geistiger Gesundheit aus der vollkommenen Ausgeglichenheit der Doshas. Wenn die grundlegenden Prinzipien von Körper und Geist miteinander im Einklang sind, dann herrscht auch Harmonie zwischen der körperlichen und der geistigen Seite unserer Natur. Energie, Vitalität und ein guter allgemeiner Gesundheitszustand werden die natürliche Folge sein.

*PEP 8: Der Ausgleich der Doshas führt zum mühelosen Ineinandergreifen von Körper und Geist. Wenn die Doshas im Gleichgewicht sind, arbeiten sämtliche Systeme unseres Körpers zusammen, um uns mit Energie, Ausdauer und Gesundheit zu versorgen.*

Unser Schlüsselwort lautet »Ausgeglichenheit«, aber diese Ausgeglichenheit manifestiert sich bei den verschiedenen Menschen auf jeweils unterschiedliche Weise. Ein Mensch mit einer ausgeglichenen Vata-Disposition weist Merkmale auf, die sich von dem Bild eines ausgeglichenen Kapha-Menschen drastisch unterscheiden. Zudem bedarf es jeweils verschiedener Beeinflussungen, wenn man diese beiden Konstitutionstypen in einem ausgeglichenen Zustand erhalten möchte. Vata-Typen, die von Natur aus leicht und lebhaft, also »luftig« sind, müssen ihrem Körper und ihrem Geist mehr Schwere und Stabilität verschaffen. Die »luftigen« Typen brauchen einen verstärkten Einfluß des »Erdigen«. Kapha-Typen dagegen müssen ihre »Leichtigkeit« pflegen, wenn sie im Gleichgewicht bleiben wollen, und deshalb sollten sie sich Einflüssen hingeben, die ihre körperliche und geistige Beweglichkeit fördern. Benutzen Sie von jetzt ab Ihr neuerworbenes Wissen über die Konstitutionstypen, um auf allen Gebieten Ihres Lebens jene Wahl zu treffen, die Ihren Eigenarten am meisten entspricht – bei Ihrer Ernährung, ihrem Ausgleichssport, ihren Schlafgewohnheiten, bis hin zu Ihrem Beruf und Ihren privaten Beziehungen.

## WENN DIE DOSHAS AUS DEM GLEICHGEWICHT GERATEN SIND

Wenn bei einem Menschen ein Dosha aus dem Gleichgewicht geraten ist, ist das korrekte Mischungsverhältnis der Doshas in seinem Konstitutionstyp nicht mehr gegeben. In diesem Fall ist eine Einflußgröße so stark geworden, daß die anderen Eigenschaften des jeweiligen Konstitutionstyps zu wenig oder gar nicht mehr zur Geltung kommen können. Der natürliche Zustand der Harmonie des Organismus, das *prakriti,* ist gestört und einem Zustand der Disharmonie, dem *vikriti,* gewichen. Das kann vielerlei Gesundheitsstörungen zur Folge haben, zu denen auch die chronische Müdigkeit gehört.

Müdigkeit ist im allgemeinen eher ein Problem des

Vata-Typs. Bei ihm kommt die Energie bekanntlich plötzlich und schubweise, wobei es an Stehvermögen fehlt.
Vata-Menschen können in bestimmten Situationen so angeregt sein, daß sie die Grenzen ihrer Belastbarkeit über-
schreiten. Sie sind zwar von Natur aus lebhaft und leben-
dig, aber Menschen mit starken Vata-Anteilen sind für die
Belastungen eines gedrängten Terminplans oder einer
hektischen Lebensführung auch besonders anfällig. Für
eine gewisse Zeit scheinen sie sich als Hansdampf in allen
Gassen besonders wohl zu fühlen, aber im Lauf der Zeit
geht ihnen physisch und psychisch die Puste aus. Der
Vata-Typ muß von allen Konstitutionstypen am meisten
darauf achten, daß er keinen Raubbau an seinen Energiereserven treibt.

Auch Menschen mit dominierenden Pitta- oder Kapha-
Anteilen können von chronischer Müdigkeit betroffen
sein, aber bei ihnen läßt sich die Müdigkeit schon häufiger auf eine eindeutige Ursache zurückführen.

»Pitta-Müdigkeit« wird von Situationen ausgelöst, die
die Pitta-Natur aufheizen oder »entzünden«, wie pralle
Sonne, zu scharfes oder zu saures Essen, oder psychische
Belastungen wie Zorn, Neidgefühle und Verärgerung.
Eine der häufigsten Ursachen von chronischer Müdigkeit
bei Pitta-Naturen ist deren Hang, sich zuviel zuzumuten.
Pittas sind meist ehrgeizig und zielstrebig, wobei das, was
sie sich selbst abverlangen, oft sogar ihre von Natur aus
schon großzügigen Energiereserven übersteigt.

Beim Kapha-Typ sollte man annehmen, daß er bei seinem angeborenen Durchhaltevermögen vor chronischer
Müdigkeit gefeit sein sollte, aber Kaphas neigen dazu, in
Körper und Geist »Schwere« anzusammeln. Wenn sie aus
dem Gleichgewicht rutschen, nehmen sie plötzlich zu
oder bekommen Krankheiten wie schwere Erkältungen
und Grippe, die mit Flüssigkeitsstaus und geschwollenen

Schleimhäuten einhergehen. Schwerfälligkeit und Lethargie können bei ihnen zu hervorstechenden Charak-
tereigenschaften werden. Auf die Kapha-Symptome muß
man ganz anders eingehen, als auf unausgeglichenes Vata
oder Pitta. Chronisch schlappe Kaphas müssen aufge-
scheucht werden. Man muß sie zu verstärkter Aktivität
anstacheln. Kaphas sollten sich zu gedanklicher Disziplin
anhalten, und sie sollten auf einen vernünftigen Ausgleich durch körperliche Bewegung achten.

Es folgt nun eine Zusammenfassung der Ursachen, die
bei den einzelnen Doshas Müdigkeit entstehen lassen:

Die häufigste Ursache von Müdigkeit ist aus dem
Gleichgewicht geratenes *Vata*. Diese Art von Erschöpfung verfliegt oft ebenso schnell, wie sie gekommen ist.
Aber auch dann, wenn sie bleibt, wird sie im Tagesverlauf
manchmal schwächer und manchmal stärker. Schon Klei-
nigkeiten können dieses sehr plötzliche Auf und Ab auslö-
sen. Eine gute Nachricht kann wie eine plötzliche Ener-
giespritze wirken, und eine belastende Situation kann
dem Betroffenen die letzten Kräfte rauben. Die mit dem
Vata-Dosha zusammenhängende Erschöpfung kann zwar
subjektiv als bodenlos erlebt werden, aber beim Vata-
Dosha ist alles von seinem Wesen her leicht, und daher
schafft es der einzelne Betroffene in der Regel trotzdem,
mit seinen täglichen Verpflichtungen zurechtzukommen.
Die Vata-Müdigkeit tritt oft im Verein mit anderen Vata-
Symptomen auf, wie Ängstlichkeit, Schlaflosigkeit und
depressiver Verstimmung.

Aus dem Gleichgewicht geratenes *Pitta* und die daraus
resultierende Erschöpfung haben meist mit Überarbei-
tung, ungewöhnlicher Hitze oder dem Genuß von unzu-
träglichen Speisen zu tun. Die Pitta-Müdigkeit wird oft
von Schweißausbrüchen, übersäuertem Magen und anderen Pitta-Symptomen begleitet. Die häufigsten psychi-

schen Begleiterscheinungen sind Reizbarkeit und Verärgerung.

Aus dem Gleichgewicht geratenes *Kapha* ist typischerweise von Schweregefühl begleitet. Ein erschöpfter Kapha-Typ fühlt sich oft nicht einmal mehr imstande, auch
nur den kleinen Finger zu bewegen. Er kann vom Gefühl der Trägheit völlig überschwemmt werden. Die
Kapha-Müdigkeit geht oft einher mit der Ansammlung
von Körpergiften, die den Energieerzeugungsapparat des
Organismus im buchstäblichen Sinne lahmlegen. Selbst
schwere Depressionen sind in diesem Zustand keine Sel-
tenheit.

## DIE MACHT DER KONZENTRATION

Nun folgt ein weiteres primäres Energieprinzip, das Ihnen bei der Führung des Energieprotokolls (siehe am
Ende des ersten Kapitels auf S. 21 ff.) gute Dienste leisten
wird. Vergessen Sie bitte nicht, daß Ihnen dieses Energieprotokoll den Weg zu Ihren verborgenen Energiereserven
weist. In den folgenden Kapiteln werden neue Techniken
und Übungen vorgestellt. Verfolgen Sie währenddessen
weiterhin Ihre Entwicklung mit dem Wochendiagramm
auf Seite 22.

Auch dieses neue PEP sollten Sie sich aufschreiben:

*PEP 9: Alle Dinge, auf die wir uns konzentrieren, bekom-
men in unserem Leben ein größeres Gewicht. Von der Art
unserer Konzentration hängt es ab, ob wir davon profitieren oder ob es uns schadet.*

Konzentration ist ein Energiestrahl des Bewußtseins. Sie
ist eine starke Kraft. Wenn etwas in den Strahl unserer

Aufmerksamkeit gerät, wächst die Bedeutung, die es für uns hat – im guten wie im schlechten. Unserer Aufmerksamkeit kommt einer heilenden Wirkung zu, wenn sie sich auf die richtigen Dinge konzentriert. Sie kann zu einer Welle von positiver Bewußtwerdung werden, die Körper und Geist heilend durchflutet. Negative Konzentration jedoch läßt jede körperliche oder seelische Beeinträchtigung noch schlimmer werden.

Die Natur lenkt durch Schmerz oder Unbehagen unsere Aufmerksamkeit auf alle Störungen des Gleichgewichts unserer körperlich-geistigen Verfassung. Das ist für uns der Augenblick der Wahl. Jetzt können wir uns entscheiden, ob wir diesen Signalen positiv oder negativ entgegentreten wollen. Wenn wir dem Gedanken an unsere Müdigkeit Raum geben, daran denken, wie sehr sie uns hindert, dies oder jenes zu tun, dann wird alles nur noch schlimmer. Aber wenn wir unsere Gedanken zu Sendboten von Energie und Vitalität machen, dann werden sie deren Stärke und Heilkraft unterstützen.

Wie erschöpft auch immer man sich fühlen mag – ein letzter Funke von Energie glimmt stets im Körper. Es ist wichtig, daß man sich das vor Augen hält. Die schlichte Tatsache, daß Sie am Leben sind und dieses Büchlein lesen können, ist der Beweis dafür, daß überall in ihrem Körper und Ihrem Geist Energie vorhanden ist. Indem Sie diesen Rest von Energie in den Brennpunkt Ihrer Aufmerksamkeit rücken, können Sie auch aus dem kleinsten Funken eine starke Flamme entfachen.

# 3 DIE ROLLE DER VERDAUUNG

Alles, was wir den lieben Tag lang machen und leisten – vom Herzschlag, den millionenfachen winzigen Zellprozessen bis hin zum Laufen, Denken und Arbeiten – alles braucht Energie. Diese Energie beziehen wir aus unserer Nahrung. Aber woher kommt die Energie, die in unserer Nahrung steckt? Sie kommt natürlich letzten Endes von der Sonne, die uns ihr Licht und ihre Wärme spendet und so das Wachstum der Pflanzen ermöglicht. Daher gewinnt der Mensch über die Nahrung den Zutritt zur Energie des Universums.

Beim Verdauungsvorgang werden komplizierte Moleküle in immer einfachere Bestandteile zerlegt. Dieser Umwandlungsprozeß wird Stoffwechsel genannt. Die meiste Energie wird erst auf den letzten Stufen des Stoffwechsels freigesetzt, wenn sich relativ einfache Moleküle, wie das Zuckermolekül, mit Sauerstoff verbinden. Dieser Vorgang heißt Oxydation oder Verbrennung, und er vollzieht sich blitzschnell und zu jeder Zeit. Der Sauerstoff, den wir über unsere Lunge aufnehmen, wird durch das Blut zu jeder Zelle unseres Körpers transportiert. Sobald der Sauerstoff in eine Zelle gelangt, verbindet er sich mit den Molekülen der Nahrung, die ebenfalls vom Blutstrom herangetragen worden sind. Diese Reaktion von Sauerstoff mit einfachen Nahrungsmolekülen kann verglichen werden mit dem Verfeuern von Brennmaterial in einem Kamin, wo durch die Verbrennung von Holz große Men-

gen von Energie in Form von Wärme und Licht freigesetzt werden.

Im menschlichen Körper wird bei der Verbrennung
der Nahrung die Energie jedoch auf wesentlich kontrol-
liertere Weise freigesetzt. Der menschliche Organismus
ist in der Lage, die freiwerdende Energie am Entweichen
zu hindern und für den zukünftigen Gebrauch zu spei-
chern. Diese Energie ist es, der wir unsere Lebendigkeit
und unsere Handlungsfähigkeit verdanken.

Im Ayurveda spricht man von *agni,* dem Verdauungsfeuer, als dem Mittel, durch das die Energie freigesetzt
wird. Dieses Agni – was auf Sanskrit nichts anderes als
Feuer heißt – zerlegt die Nahrung, die wir verzehrt haben
und macht sie für den Organismus verfügbar. Dieses Verdauungsfeuer kann auch als ein Sinnbild für die Verdau-
ungsenzyme verstanden werden, die von der modernen
Physiologie entdeckt worden sind.

Die Energieerzeugung aus dem Stoffwechsel hängt
von einer Reihe von Faktoren ab. Dazu gehören die Art
der aufgenommenen Nahrung und die Qualität der Luft,
die wir atmen, unser allgemeiner Gesundheitszustand
und sogar die Gedanken und Gefühle, die uns bewegen.

In den letzten Jahren wurde viel darüber geschrieben,
wie wichtig eine vernünftige Ernährung für die Gesundheit und das Wohlbefinden sind. Aus ayurvedischer Sicht
ist jedoch die Kraft der Verdauung von noch größerer
Bedeutung, als die Ernährung als solche. Es leuchtet
ein, daß der Nährwert unserer Nahrung unserem Organismus nur in dem Maße zugute kommt, wie er vom
Stoffwechsel erschlossen worden ist. Bei schlechter und
ungenügender Verdauung wird die Nahrung nicht in
ausreichendem Maße vom Stoffwechsel verwertet und
ihr Energiegehalt geht daher zum Teil verloren. Aus diesem Grund werden wir uns in diesem Kapitel vor allem

damit befassen, wie die Wirksamkeit der Verdauung erhöht werden kann.

## SCHLECHTE VERDAUUNG FÖRDERT DIE ENTSTEHUNG VON AMA

Unvollständige Verdauung vergeudet nicht nur Energie und Nährwert, sie hat auch noch einen weiteren, keineswegs unbedeutenden Effekt. Sie führt dazu, daß sich Nahrungsrückstände im Körper ansammeln. Wenn diese Rückstände nicht vollständig ausgeschieden werden, kann sich aus ihnen eine Vielzahl von Verunreinigungen und Giftstoffen bilden. Im Sanskrit heißen diese verunreinigenden Rückstände *ama.*

Der Ayurveda betrachtet Ama als eine der entscheidenden Ursachen für Müdigkeit, Abgeschlagenheit und andere langwierige Gesundheitsprobleme. Ich bin davon überzeugt, daß bei jedem Menschen, der mit chronischer Müdigkeit zu kämpfen hat, eine aus dem Gleichgewicht geratene Verdauung und die daraus resultierende Ansammlung von Ama anzutreffen sind.

Nach ayurvedischem Verständnis ist Ama eine klebrige Masse, die sämtliche Kanäle des Organismus verstopft. Hiervon sind nicht nur die Venen und Arterien des Blutkreislaufs betroffen, sondern auch die Flußbahnen der Enzyme und der sonstigen Stoffwechselsäfte unseres Körpers. Da Ama den normalen Fluß biologischer Energie ganz grundsätzlich beeinträchtigt, ist es auch entscheidend an der Entstehung von chronischer Müdigkeit beteiligt. Es ist, als würden die energiespendenden Feuer unseres Organismus mit einer nassen Wolldecke erstickt.

Ama zeigt sich manchmal als weißer Belag auf der Zunge, besonders morgens beim Aufwachen. Die Rückstände einer unvollständigen Verdauung steigen während der Nacht durch den Verdauungstrakt nach oben und sammeln sich in der Mundhöhle an. Weitere Amasymptome sind Schwäche- und Schweregefühl, Lethargie, schlechte Immunabwehr, unregelmäßiger Stuhlgang und abrupter Wechsel von Appetit und Eßunlust. Chronische Müdigkeit ist selbstverständlich ein klarer Hinweis darauf, daß der Körper Ama produziert.

## TECHNIKEN ZUR VERBESSERUNG DER VERDAUUNG

Der Nutzen einer guten Verdauung liegt auf der Hand. Sie garantiert, daß die Nahrung gut verwertet wird und verhindert die Ansammlung von giftigen Verunreinigungen im Körper.

Im nun folgenden primären Energieprinzip werden die Elemente einer guten Verdauung zusammengefaßt:

*PEP 10: Die Effektivität unserer Verdauung ist ein wesentlicher Faktor, von dem abhängt, wieviel Lebensenergie uns zu Gebote steht. Die vier wichtigsten Faktoren, die die Verdauung fördern oder stören können, sind: Die Kenntnis der Zusammenhänge, sowie Zeitpunkt, Menge und Güte des Essens.*

Nachstehend sind einige außerordentlich wichtige Grundsätze aufgeführt, die der Stärkung und Unterstützung der Verdauung dienen. Diese Grundsätze sind für sämtliche Konstitutionstypen geeignet, besonders aber für Vatas, die ohnehin zu unregelmäßiger Verdauung neigen, aber auch für Kaphas mit ihrer trägen Verdauung.

Wenn Sie sich diese Verhaltensweisen zu eigen machen

wollen, müssen Sie vermutlich Ihre gegenwärtigen Gewohnheiten aufgeben. Die positive Wirkung wird sich jedoch umgehend einstellen und Ihnen den Übergang zu einer natürlicheren Weise des Essens und Verdauens buchstäblich schmackhaft machen.

*1. Essen Sie in einer ruhigen und friedvollen Atmosphäre.*
Lenken Sie sich nicht dadurch ab, daß Sie während der Mahlzeiten nebenbei weiterarbeiten, lesen, Radio hören oder fernsehen. Wenn Ihre Konzentration sich ausschließlich dem Essen und der Vielfalt seines Geschmacks widmet, wird die Wirksamkeit der Verdauung erheblich gefördert. Denken Sie immer daran, daß Aufmerksamkeit eine strukturierende Kraft ist. Wenn Sie Ihre Mahlzeiten in Ruhe und Konzentration verzehren, wird Ihr Verdauungsfeuer stark und gleichmäßig brennen. Ablenkung schwächt die Kraft der Verdauung.

*2. Halten Sie regelmäßige Essenszeiten ein.*
Wenn Sie Ihre täglichen Mahlzeiten stets zur gleichen Zeit einnehmen, gewöhnt sich der Organismus an diese Regelmäßigkeit, und die Verdauung wird automatisch und sorgfältig arbeiten. Unregelmäßige Essenszeiten »verwirren« den Organismus und verhindern eine vollständige Verdauung. Jeder, der ein von Terminen gehetztes Leben führt, kann von diesem Punkt profitieren, aber für den Vata-Typ mit seinem Hang zum Unregelmäßigen gilt das ganz besonders.

*3. Essen Sie nicht im Stehen!*
Setzen Sie sich immer an einen Tisch, selbst wenn Sie nur einen kleinen Imbiß zu sich nehmen wollen. Auch das fördert die Verdauung, da man sich auf diese Weise besser auf das Essen konzentriert.

*4. Essen Sie nicht, wenn Sie sich aufgeregt haben.*
Wenn man die Mahlzeit wütend oder erregt in sich hineinschlingt, ist die Konzentration auf das Essen gestört. Das schwächt unter Garantie das Verdauungsfeuer und führt zur Bildung von Ama. Warten Sie ein paar Minuten, bis sich der Streß gelegt hat und bis Sie sich wieder beruhigt haben. Brisante Gesprächsthemen sollten bei Tisch gemieden werden.

*5. Stopfen Sie sich nicht voll!*
Die Menge, die man bei der einzelnen Mahlzeit ißt, ist für eine gute Verdauung von großer Bedeutung. Aus ayurvedischer Sicht soll man bei jeder Mahlzeit nur drei Viertel der Menge essen, die man auf einmal bewältigen kann. Mehr zu essen ist das gleiche, wie allzuviel Brennmaterial auf ein Feuer zu werfen, so daß es erstickt. Ein vollgestopfter Magen führt zu unvollständiger Verdauung, weil dann dem Verdauungsfeuer der Spielraum fehlt. Beenden Sie daher die Mahlzeit, sobald die Sättigung einsetzt und bevor es zu Völlegefühl kommt. So geben Sie den Enzymen genügend Raum, in dem sie ihre Wirksamkeit voll entfalten können.

*6. Meiden Sie eiskalte Speisen und gekühlte Getränke.*
Kaltes setzt das Verdauungsfeuer auf kleine Flamme. Vata und Kapha sind von Natur aus kalte Doshas und reagieren deshalb auf Kaltes besonders empfindlich. Unglücklicherweise ist es eine weitverbreitete Gepflogenheit, zum Essen etwas Kaltes zu trinken. Es wird Ihnen vielleicht schwerfallen, sich von dieser Gewohnheit zu trennen, aber nach ein bis zwei Wochen ist der Verzicht auf kalte Getränke für die meisten kein Problem mehr, zumal man sich dann wesentlich wohler fühlt.

*7. Reden Sie nicht mit vollem Mund.*
Beim Essen sollte sich die Konzentration nach innen richten und mit dem Geschmack, dem Duft und dem Anblick des Essens beschäftigen. Machen Sie es sich zur Regel, nie mit vollem Mund zu sprechen. Das Tischgespräch sollte, wie oben schon erwähnt, ruhig und nicht anstrengend verlaufen, sollte weder Gefühle aufwühlen, noch zu Mißhelligkeiten führen.

*8. Essen Sie gemächlich.*
Eine ordentliche Verdauung ist kaum möglich, wenn das Essen hinuntergeschlungen wird. Nehmen Sie sich also genügend Zeit, damit sie in Ruhe essen können. Eine Mahlzeit hastig und unter Druck herunterzuschlingen, ist das Schlimmste, was man seinen Energiereserven und seiner Gesundheit antun kann. Manche glauben, daß sie die Zeit, die sie beim Essen sparen, für produktive Arbeit gewinnen, aber das ist eine Milchmädchenrechnung. Die Zeit, die Sie gewonnen haben, wird durch stärkere Ermüdung mehr als zunichte gemacht werden. Billigen Sie daher Ihren Mahlzeiten den Respekt und die Sorgfalt zu, die ihnen zukommen sollten. Die Mahlzeiten markieren nämlich in Ihrem Tagesablauf genau jene Punkte, an denen Ihre Lebensenergie gewonnen wird. Hastig zu essen ist nichts anderes, als einen Baum an der Wurzel zu schädigen. Versuchen Sie gemächlich zu essen. Nehmen Sie deshalb erst dann einen neuen Bissen vom Teller, wenn Sie den vorherigen gut gekaut und hinuntergeschluckt haben.

*9. Essen Sie nicht, solange die vorherige Mahlzeit noch nicht vollständig verdaut ist.*
Wenn man während des Verdauungsvorgangs Zwischenmahlzeiten einschiebt, wird Ama produziert. Es ist wie

beim Kochen von Bohnensuppe: Wenn man während der Garzeit immer wieder frische Bohnen dazugibt, wird die Suppe nie fertig werden. Es vergehen ungefähr sechs Stunden, bis eine normale Mahlzeit verdaut ist. Mit dem Hungrigwerden gibt uns die Natur das Zeichen, daß die Verdauung beendet ist. Solange der Appetit fehlt, sollte man auch nicht essen. Falls Sie zur Essenszeit keinen Appetit haben (und Sie auch keine Zwischenmahlzeit eingenommen haben!), kann das daran liegen, daß Ihre Ama-Ansammlungen als Appetitzügler wirken. In diesem Fall sollten Sie nur bescheidene Mengen essen, damit Ihr Verdauungsfeuer nicht überlastet wird und noch mehr Ama entsteht. Wenn Sie zwischen den Mahlzeiten vom Heißhunger geplagt werden und unbedingt etwas essen müssen, können Sie eine Kleinigkeit zu sich nehmen, wie zum Beispiel etwas Obst.

*10. Bleiben Sie nach dem Essen noch ein paar Minuten ruhig und gesammelt am Tisch sitzen.*
So kann die Verdauung zwanglos einsetzen. Noch besser ist es, wenn Sie sich fünfzehn oder zwanzig Minuten hinlegen, falls das möglich ist.

Ich möchte noch einmal betonen, daß der geringe Aufwand, den diese Grundsätze erfordern, sich reichlich lohnt. Falls Sie sich bereits ungesunde Verhaltensweisen angewöhnt haben – zum Beispiel beim Essen fernzusehen – sollten Sie sich ins Bewußtsein rufen, daß diese Untugenden ihre Verdauung beeinträchtigen, Ama entstehen lassen und die chronische Müdigkeit begünstigen.

Es ist gar nicht nötig, daß Sie alle zehn Punkte auf einmal in die Tat umsetzen. Die folgende Checkliste wird Ihnen dabei helfen, die neuen Verhaltensweisen in Ihr Tagesprogramm aufzunehmen.

Fangen Sie mit dem an, was Ihnen am leichtesten fällt. Sobald Sie mit den einfacheren Grundsätzen vertraut sind, können Sie jede Woche einen weiteren ins Programm aufnehmen. So können Sie auch verfolgen, wie sich Ihr Energiezustand mit jeder neuen Verhaltensweise weiter verbessert.

Tragen Sie jede Mahlzeit und jeden Imbiß in die Checkliste auf der nächsten Seite ein. Auf diese Weise können Sie verfolgen, wie Sie mit der Anwendung der Grundsätze vorankommen.

## ZUSÄTZLICHE MASSNAHMEN

Die Grundsätze, über die bisher gesprochen wurden, betreffen nur das Verhalten bei der Mahlzeit selbst. Es folgen jetzt drei weitere ayurvedische Methoden, die dazu dienen, das Ama aus dem Organismus auszuscheiden. Diese drei Methoden möchte ich separat behandeln, da sie etwas komplizierter sind und auch stärker in Ihren gewohnten Tagesablauf eingreifen. Viele Leute haben jedoch die Erfahrung gemacht, daß die Anwendung dieser Methoden für die Verdauung von großem Nutzen ist und auf den gesamten Organismus sehr belebend wirkt.

Es handelt sich hierbei um drei Methoden, die die Bildung von Ama von vornherein verhindern, oder es wieder aus dem Organismus hinausbefördern, falls es sich bereits gebildet hat.

*PEP 11: Unvollständige oder unregelmäßige Verdauung erzeugt Stoffwechselrückstände. Dieses Ama beeinträchtigt den freien Fluß der Energieströme im Körper. Wenn man verhindert, daß sich diese Verunreinigungen bilden, oder*

| CHECKLISTE | Mo | Di | Mi | Do | Fr | Sa | So |
|---|---|---|---|---|---|---|---|
| In ruhiger und friedlicher Atmosphäre gegessen | ①②③④ | ①②③④ | ①②③④ | ①②③④ | ①②③④ | ①②③④ | ①②③④ |
| Regelmäßige Mahlzeiten eingehalten | ①②③④ | ①②③④ | ①②③④ | ①②③④ | ①②③④ | ①②③④ | ①②③④ |
| Zum Essen an den Tisch gesetzt | ①②③④ | ①②③④ | ①②③④ | ①②③④ | ①②③④ | ①②③④ | ①②③④ |
| Nicht im Zustand der Erregung gegessen | ①②③④ | ①②③④ | ①②③④ | ①②③④ | ①②③④ | ①②③④ | ①②③④ |
| Den Magen nicht vollgestopft | ①②③④ | ①②③④ | ①②③④ | ①②③④ | ①②③④ | ①②③④ | ①②③④ |
| Eiskalte Speisen und Getränke gemieden | ①②③④ | ①②③④ | ①②③④ | ①②③④ | ①②③④ | ①②③④ | ①②③④ |
| Nicht mit vollem Mund geredet | ①②③④ | ①②③④ | ①②③④ | ①②③④ | ①②③④ | ①②③④ | ①②③④ |
| Gemächlich gegessen | ①②③④ | ①②③④ | ①②③④ | ①②③④ | ①②③④ | ①②③④ | ①②③④ |
| Erst gegessen, nachdem die vorherige Mahlzeit ganz verdaut war | ①②③④ | ①②③④ | ①②③④ | ①②③④ | ①②③④ | ①②③④ | ①②③④ |
| Nach dem Essen noch ein paar Minuten ruhig am Tisch sitzengeblieben | ①②③④ | ①②③④ | ①②③④ | ①②③④ | ①②③④ | ①②③④ | ①②③④ |

*wenn man sie wieder aus dem Körper auswäscht, wird die Lebensenergie gefördert.*

Unsere erste neue Maßnahme besteht darin, *die Hauptmahlzeit am Mittag und nicht am Abend einzunehmen.* Die vor allem in den angelsächsischen Ländern verbreitete Gewohnheit, in den frühen Abendstunden eine üppige Mahlzeit zu sich zu nehmen, gehört zu den größten Ernährungsfehlern, die man begehen kann, und stellt eine der Hauptursachen für chronische Müdigkeit dar.

Unsere inneren biologischen Rhythmen sind mit den Rhythmen der uns umgebenden Natur vernetzt. Aus diesem Grund ist unser inneres Verdauungsfeuer dann am intensivsten, wenn die Sonne am höchsten steht. Die Verdauung ist daher um die Mittagszeit am wirkungsvollsten. Wenn Sie zu diesem Zeitpunkt eine größere Menge essen, wird die Nahrung vollständig verdaut, gut vom Körper aufgenommen, und Sie können reichlich Energie daraus gewinnen, ohne daß es zur Bildung von Ama kommt. Wenn man die gleiche Nahrungsmenge zu einem späteren Zeitpunkt zu sich nimmt, ist das nicht mehr der Fall.

Auch die amerikanische Gepflogenheit, ein umfangreiches Frühstück zu sich zu nehmen, ist der Gesundheit und dem Energiehaushalt nicht unbedingt förderlich. Morgens nach dem Aufwachen ist die Verdauung noch träge. Der Ayurveda empfiehlt daher eine leichte Morgenmahlzeit nach Art des europäischen Frühstücks. Falls man am Morgen ohnehin keinen Appetit hat, kann man getrost das Frühstück ausfallen lassen und die Verdauungskapazität ganz auf das Mittagessen konzentrieren.

Für diejenigen, die sich an eine ausgiebige Abendmahlzeit gewöhnt haben, mag die sofortige Umsetzung dieser Empfehlungen schwierig erscheinen. Zudem machen Arbeitszeitregelungen und andere Terminvorgaben das Mittagessen häufig zu einer Angelegenheit, die in aller Eile und manchmal überhaupt nicht stattfindet. Man muß sich aber vor Augen halten, welch hohen Tribut derlei Gewohnheiten von unserem Körper fordern. Mit etwas Mühe und Einfallsreichtum müßte es jedem gelingen, zu einem soliden Mittagessen zu kommen, und sei es dadurch, daß man sich am vorherigen Abend etwas vorkocht. Vielleicht läßt sich auch in der Nähe Ihres Arbeitsplatzes ein gutes Restaurant finden. Auch wenn es Ihnen kaum machbar erscheint, sollten Sie auf jeden Fall versuchen, an mindestens einem oder zwei Tagen der Woche ordentlich zu Mittag zu essen, um festzustellen, wie gut es Ihnen bekommt. Und denken Sie daran, Ihr Frühstück und Abendessen möglichst leicht zu gestalten.

An zweiter Stelle möchte ich Ihnen eine Reinigungstechnik empfehlen, mit der das Ama aus dem Organismus ausgewaschen werden kann. Sie ist völlig unkompliziert, gleichzeitig aber sehr tiefgreifend und hoch wirksam. Sie brauchen dazu nichts anderes zu tun, als während des ganzen Tages *alle halbe Stunde ein paar Schluck heißes Wasser zu nippen*. Viele Menschen, die sich mit chronischer Müdigkeit und anderen hartnäckigen Beschwerden herumgeschlagen haben, können bestätigen, daß diese Technik drastisch Abhilfe schaffen kann.

Besorgen Sie sich eine gute Thermosflasche und füllen Sie diese am Morgen mit abgekochtem Wasser. Das kochende Wasser muß sprudeln, dann läßt man es auf kleiner Flamme noch fünf bis zehn Minuten weitersieden. So verleiht man dem Wasser mehr Energie und Reinigungskraft. Führen Sie die gefüllte Thermosflasche den ganzen Tag mit sich und trinken Sie regelmäßig daraus. Vielleicht bauen Sie die Thermosflasche gut sichtbar vor sich auf, dann haben sie gleichzeitig eine Gedankenstütze für Ihr Vorhaben.

Sie sollten im Laufe des Tages alle halbe Stunde ein bis zwei Schluck heißes Wasser zu sich nehmen. Falls Sie durstig sind, können Sie ruhig mehr davon trinken. Wenn das Ama dauernd der Reinigungskraft des heißen Wassers ausgesetzt ist, wird es aus dem Körper ausgewaschen, während die Wärme die Eingeweide dehnt und entkrampft und eine gute Durchspülung des Organismus ermöglicht. Beachten Sie bitte, daß diese Methode etwas grundsätzlich anderes ist als jene Programme zum Abnehmen, bei denen täglich große Mengen von Mineralwasser getrunken werden müssen. Hier kommt es nicht auf die Menge an. Entscheidend für die reinigende Wirkung ist, wie häufig und wie heiß das Wasser getrunken wird.

Wenn Ihnen der Halbstundenrhythmus zu eng ist, trinken Sie eben so häufig Sie können. Ich werde oft gefragt, ob man etwas in das Wasser hineintun könnte, damit es ein bißchen interessanter schmeckt. Reines Wasser reinigt zwar am besten, aber man kann ein- oder zweimal am Tag etwas Zitrone dazugeben. Es ist jedoch nicht gut, alle halbe Stunde Zitronenwasser zu trinken.

Die dritte neue Methode zur Verbesserung der Verdauung und zur Ausscheidung von Ama besteht darin, *in regelmäßigen Abständen einen Flüssigkeitstag einzulegen, an dem Sie keinerlei feste Nahrung zu sich nehmen.* Das verschafft den Verdauungsorganen eine vierundzwanzigstündige Erholungspause. Während dieser Zeit werden Verunreinigungen aus dem Organismus ausgeschieden, und Ihr Verdauungsfeuer wird danach wieder zu stärkerer Glut angefacht als zuvor.

An Ihrem Flüssigkeitstag können Sie zu sich nehmen, was Sie wollen, es muß nur flüssig sein, also heißes Wasser, frische Frucht- oder Gemüsesäfte, Brühe und Kräutertee. Ganz besonders möchte ich ein Joghurtgetränk empfehlen, das *Lassi* oder in türkisch-deutschen Restaurants *Ayran* heißt, und das süß oder herzhaft angerichtet werden kann. Hier ist das Rezept für zwei Varianten:

*Süßes Lassi:* Man vermische in einem Mixer eine halbe Tasse Joghurt mit einer halben Tasse Wasser. Beides soll Zimmertemperatur haben. Fügen Sie nach Geschmack Honig und etwas Kardamom dazu und mischen Sie alles gründlich durch. Die Menge ergibt eine Portion.

*Herzhaftes Lassi:* Verfahren Sie wie oben, aber nehmen Sie statt Honig und Kardamom je eine Prise Salz und gemahlenen Kümmel. Kräftig mischen.

Wie oft Sie einen Flüssigkeitstag einlegen sollten, hängt von Ihrem Konstitutionstyp ab. Bei Kaphas ist die Flüssigdiät einmal in der Woche angezeigt, am besten immer am selben Wochentag. Es sollte möglichst ein Tag ohne besondere Verpflichtungen sein, wie der Sonntag.

Pitta-Typen mit ihrem stärker ausgeprägten Appetit sollten alle zwei Wochen einen Tag mit Flüssigkost machen, Vatas nur einmal im Monat, denn Vatas brauchen feste Nahrung, sonst fühlen sie sich schnell unwohl und schwach. Sie brauchen jeden Tag etwas »Erdiges«, um nicht aus dem Gleichgewicht zu kippen.

Wenn Sie als Pitta- oder Kapha-Typ mit der Flüssigkost nicht zurechtkommen, sollten Sie es einmal zusätzlich mit gekochter Milch und Lassi probieren. Wenn das nicht hilft, brauchen Sie die Flüssigkost nicht bis zum Schlafengehen durchzuhalten, und Sie können sich ein leichtes, aber gehaltvolles Abendbrot genehmigen.

Es kommt gelegentlich vor, daß die Flüssigdiät auch mit dieser Abwandlung nicht ohne unangenehme Folgen bleibt. In diesem Fall sollte man ganz darauf verzichten.

Wenn Sie die verdauungsfördernden Methoden, die in diesem Kapitel vorgestellt wurden, schrittweise übernehmen, werden Sie alsbald bemerken, wie sich Ihr Energiezustand drastisch verbessert. Machen Sie fleißig Gebrauch von der oben abgedruckten Checkliste, damit diese Verhaltensweisen möglichst bald zu Ihrem täglichen Ablauf gehören. Denken Sie daran, daß Sie mit den Verhaltensweisen anfangen sollten, die Ihnen die geringsten Schwierigkeiten bereiten, um dann jede Woche eine weitere dazu zu nehmen. Versuchen Sie, die drei letzten Empfehlungen – Hauptmahlzeit am Mittag, Thermosflasche mit heißem Wasser und die Flüssigkost – so bald wie möglich in die Tat umzusetzen. Gerade diese Methoden haben sich als besonders durchgreifend erwiesen, und die dadurch erzielten Fortschritte dürften sich deutlich zeigen, wenn Sie weiterhin sorgfältig das Energieprotokoll aus Kapitel eins führen.

Nachdem bisher besprochen wurde, wie wichtig eine gut funktionierende Verdauung ist, um der Müdigkeit beizukommen, können wir jetzt darauf eingehen, welche Nahrungsmittel man bevorzugen und welche man meiden sollte. Es steht zweifelsfrei fest, daß bestimmte Nahrungsmittel ganz natürliche Energielieferanten sind, während andere der Müdigkeit Vorschub leisten. Im nächsten Kapitel werden wir uns mit diesem wichtigen Thema näher beschäftigen.

# 4 ERNÄHRUNG UND ENERGIE

Neben der Leistungsfähigkeit unseres Verdauungssystems, die für einen gesunden und ausgeglichenen Energiezustand von höchster Bedeutung ist, kommt der täglichen Nahrung beim Kampf gegen die Müdigkeit und für die Erhaltung eines guten allgemeinen Gesundheitszustandes eine ausschlaggebende Bedeutung zu. Darauf verweist unser erstes, auf die Ernährung bezogenes primäres Energieprinzip. Bitte notieren Sie:

*PEP 12: Manche Nahrungsmittel sind natürliche Energiespender, während andere den Körper und Geist abstumpfen und Müdigkeit hervorrufen. Die Wirkung eines Nahrungsmittels hängt zum einen davon ab, welche Eigenschaften ihm innewohnen, aber auch davon, auf welche Weise es gewonnen, zubereitet und verzehrt wird.*

Rufen Sie sich jetzt für einen Augenblick ins Gedächtnis, wie und wovon Sie sich in den letzten Jahren ernährt haben. Haben Sie viele Fertiggerichte, viel Aufgewärmtes und viel Fast food gegessen? In diesem Fall haben Sie der Bequemlichkeit zuliebe Einbußen an Energie und Gesundheit hingenommen und Ihren Körper um einen wichtigen Nutzen aus der Nahrungsaufnahme gebracht.

Aufgewärmte Speisen und Fertigkost haben ein Defizit an Frische und, nach ayurvedischem Verständnis, an Lebenskraft. Diese Nahrung ist von den Lebenskräften der Natur meilenweit entfernt, und sie kann oft nur noch Lethargie und Antriebslosigkeit hervorrufen. Zudem sind derartige Speisen schlechter verdaulich und begünstigen daher die Entstehung von Ama.

Gegarte Speisen sollten unbedingt innerhalb von vier bis fünf Stunden verzehrt werden. Danach haben sie in der Regel ihre Frische eingebüßt und werden fade und inaktiv. Die Gepflogenheit, die Reste einer Mahlzeit im Kühlschrank aufzubewahren und später wieder aufzuwärmen, ist aus ayurvedischer Sicht weder im Einklang mit der Natur, noch ist sie gesund. Leider ist es beim heutigen Lebensstil kaum zu vermeiden, daß es Reste gibt, aber ich möchte dringend dazu raten, nur in geringem Umfang Aufgewärmtes in die Ernährung einzubeziehen und dafür häufiger frisch gekochte Mahlzeiten zu sich zu nehmen.

Auch Tiefkühlkost ist alles andere als ideal, obwohl sie besser ist als Aufgewärmtes. Erntefrisch eingefrorenes Gemüse aus der Tiefkühltruhe im Supermarkt zum Beispiel enthält immer noch mehr Lebensenergie als Gemüse aus der Dose. Trotzdem gilt: Je frischer die Lebensmittel sind, desto besser. Alle frischen Nahrungsmittel haben eine belebende Wirkung, aber besonders empfehlenswert sind frisches Obst und frischgepreßte Fruchtsäfte, vor allem der Saft von Möhren und von Roten Bete.

## ENERGIESPENDENDE NAHRUNGSMITTEL

Für die natürlichen Energiespender unter den Nahrungsmitteln gibt es im Ayurveda eine spezielle Bezeichnung. Man nennt sie *sattvic*. Nahrungsmittel, die stumpf und

träge machen, heißen *tamasic*. Lebensmittel, die voller
natürlicher Energie stecken, sind deshalb zur Vertreibung
der Müdigkeit besonders gut geeignet. Dazu gehören:

Frischobst und Frischgemüse
Vollmilch
Ghee (geklärtes Butterfett)
Weizen und Weizenprodukte, einschließlich Brot und
    Teigwaren
Reis, Gerste
Honig
Rosinen, Datteln, Feigen und Mandeln
Olivenöl
Mungbohnen, insbesondere Mungbohnensuppe (manch-
    mal nicht ganz richtig *dhal* genannt)

Das sind natürlich keineswegs alle Energiespender unter
den Nahrungsmitteln, und Ihr Ernährungsplan hat bestimmt noch Platz für andere. Aber schon bei alleiniger
Verwendung dieser Nahrungsmitteln kann man sich eine
vollwertige und nahrhafte Ernährung – eine Sattvic-
Ernährung – zusammenstellen.

GEMÜSE

Im Ayurveda wird großen Wert auf den Verzehr von fri-
schem Obst und Gemüse gelegt, wobei »frisch« nicht
gleichbedeutend ist mit »roh«. Ich empfehle stets,
Gemüse gegart zu verzehren, weil das die Verdaulichkeit
erhöht. Unser Organismus kann Rohkost nur relativ
schlecht verarbeiten und deshalb werden ihre Vitamine
und Minerale nur unvollständig aufgenommen. Wer allerdings gern Rohkost verzehrt, der sollte sie zum Auftakt

der Mittagsmahlzeit essen, weil dann das Verdauungsfeuer am hellsten lodert. Ein Salat als Beilage zum Mittagessen liefert pflanzliche Ballaststoffe, die den Verdauungstrakt auf seine Aufgabe einstimmen. Zu anderen
Tageszeiten ist gegartes Gemüse zuträglicher.

Pflanzenteile, die über dem Erdboden wachsen und
daher dem Sonnenlicht ausgesetzt sind, gelten als ener-
giereicher als das, was unter der Erde wächst. Es gibt
allerdings zwei Ausnahmen: Möhren und Rote Bete werden als ausgezeichnete Energiespender betrachtet. Ebenfalls sehr energiereich sind sämtliche grünen Blattgemüse, frische Kräuter wie Petersilie und Basilikum und
die Sprossen der Mungbohnen. Ich möchte Ihnen sehr
empfehlen, diese Gemüse mittags bevorzugt als Salat zu
reichen, zu andern Mahlzeiten jedoch gekocht.


## MILCHPRODUKTE

Der Ayurveda lehrt uns, daß Milch durch Kochen leichter
verdaulich wird. Kalte Milch zu trinken kann zu man-
cherlei Störungen führen, wie erkältete Schleimhäute,
Durchfall und andere Symptome, die zusammenfassend
»Milchallergie« genannt werden. Milch ist jedoch ein sehr
»sattvisches« Nahrungsmittel und bestens als Energiespender geeignet. Fügen Sie der kochenden Milch einmal
versuchsweise etwas feingehackte Ingwerwurzel bei. Sie
können auch zwei Prisen Kurkumawurzel nehmen. Süßen
Sie die Milch nach dem Abkühlen mit etwas Honig oder
braunem Zucker.

Es ist verständlich, daß neue Quellen für Energie und
Duchhaltevermögen erschlossen werden, wenn die Milch
besser verdaut wird. Achten Sie bei Milchprodukten ganz
besonders auf die Frische. Ayurveda empfiehlt Ihnen

Vollmilch, es sei denn, sie haben erhöhte Cholesterin-
werte. Im Zweifelsfall sollten Sie Ihren Arzt fragen.

Ghee ist geklärte Butter, die durch Erhitzen gereinigt
worden ist. Ghee gilt im Ayurveda als besonders energiereich und kann anstelle von Butter als Brotaufstrich verwendet werden. Zudem ist es ein ausgezeichnetes Koch-
und Bratfett, weil Ghee nicht anbrennt. Bescheidene bis
mäßige Mengen Ghee in der Ernährung fördern die Er-
schließung und Aufnahme der Nahrung. Bei erhöhten
Cholesterinwerten sollte man auf Ghee verzichten oder
es nur in geringen Mengen verwenden.

Ghee ist in Bioläden und in gutsortierten Lebensmit-
telgeschäften erhältlich. Man kann es aber auch nach dem
folgenden Rezept selbst herstellen.

**Die Herstellung von Ghee**

1. Erhitzen Sie ein bis zwei Pfund ungesalzene Butter
   in einem Edelstahltopf auf kleiner oder mittlerer
   Flamme. Achten Sie darauf, daß die Butter nicht braun
   wird.
2. Der Wassergehalt der Butter verdampft während des
   Schmelzvorgangs. Nach dreißig bis vierzig Minuten
   setzen sich die milchigen Bestandteile der Butter auf
   dem Boden des Gefäßes und auf der Oberfläche der
   Schmelze ab.
3. Sobald die Milchreste auf dem Boden ein kräftiges
   Braun angenommen haben, nehmen Sie die Schmelze
   vom Feuer. Achten Sie darauf, das die Butterschmelze
   selbst nicht braun wird. Das Ghee riecht jetzt wie frisches Popcorn, und man kann kleine Blasen von unten
   aufsteigen sehen.
4. Die heiße Schmelze wird durch ein baumwollenes
   Küchentuch in ein Gefäß aus Edelstahl oder hitzebe-

ständigem Glas abgegossen. Man legt das Tuch am besten über ein Sieb aus Edelstahl.

5. Nach dem Abkühlen wird das fertige Ghee im Kühlschrank aufbewahrt.

## JOGHURT

Auch Joghurt kann ein Energielieferant sein, sofern er sehr frisch ist. In der Kühltheke wird Joghurt schnell »tamasisch« und amabildend. Hausgemachter Joghurt ist deshalb vorzuziehen. Eigenen Joghurt herzustellen ist einfacher, als Sie denken.

Joghurtbereiter sind in vielen Haushaltgeschäften erhältlich. In nur fünf Minuten können Sie einige Portionen Joghurt ansetzen, die am nächsten Tag frisch zum Verzehr bereitstehen. Und so geht es:

**Die Herstellung von Joghurt**

1. Besorgen Sie sich einen elektrischen Joghurtbereiter, der eine konstante Betriebstemperatur einhält. Nehmen Sie ein Modell mit mehreren kleineren Bechern und nicht mit einem einzigen großen Behälter und achten Sie darauf, daß ein eingebautes Thermometer vorhanden ist. Nehmen Sie Vollmilch für den ersten Ansatz.

2. Messen Sie eine Tasse Vollmilch pro Becher Joghurt ab. Geben Sie die Milch zum Abkochen in einen Stieltopf aus Edelstahl. Damit die Milch besser verdaulich wird, können Sie ein paar Stückchen Ingwerwurzel mitkochen.

3. Lassen Sie die Milch auf 41 – 43 °C abkühlen (Thermometer!) und verteilen Sie sie dann auf die Becher

des Joghurtbereiters. Impfen Sie jeden Becher mit einem viertel Eßlöffel Joghurt. Nicht umrühren.

4. Schalten Sie das Gerät ein. Der Joghurt ist nach ungefähr neun Stunden durchfermentiert. Folgen Sie der Gebrauchsanweisung ihres Geräts.

5. Sie müssen jedesmal etwas Joghurt zum Impfen der nächsten Lage zurückbehalten. Die günstigste Zeit zum Ansetzen ist abends gegen 21 Uhr; der Joghurt kann so über Nacht reifen und ist am nächsten Morgen fertig für den Verzehr.

## KRÄUTER

Im Ayurveda kennt man eine Reihe von Kräutern, deren kräftigende und belebende Wirkung einzigartig ist. Nach überlieferten Rezepten werden daraus bestimmte Kräutermischungen hergestellt. Solche Präparate heißen *rasayanas*. Das Wissen um die Rasayanas ist ein sehr alter Zweig der ganzheitlichen ayurvedischen Medizin. In den klassischen Schriften werden diese Kräutermischungen eingehend beschrieben. Die alten Könige und Weisen verwendeten diese Präparate, um ihre Rüstigkeit zu erhalten und ein langes Leben zu erreichen.

In den Jahrhunderten, in denen Indien unter die Herrschaft fremder Mächte geraten war, fiel ein Großteil des Wissens von den Rasayanas Mißverständnissen anheim oder es geriet in Vergessenheit. In dieser Periode wurde die ayurvedische Heilkunde nachhaltig unterdrückt. Inzwischen ist es jedoch gelungen, die Zusammensetzung der meisten klassischen Rasayanas zu rekonstruieren, so daß diese Präparate heutzutage wieder nach der klassischen Rezeptur hergestellt werden können. Der wichtigste Bestandteil vieler dieser Präparate heißt »Amrit Kalash«. Diese Substanz steht in zwei Darreichungsformen zur Verfügung, einmal als Paste mit dem Namen »Nektar«, und als Pille, »Ambrosia« genannt. Beide Präparate haben auf den gesamten Organismus eine stärkende und ausgleichende Wirkung. Ich möchte Ihnen empfehlen, diese Rasayanas als zwar nicht unerläßliche, aber wertvolle Unterstützung der hier vorgestellten Verhaltensweisen und Übungen zu betrachten und einzunehmen. Bezugsquellen werden im Anhang dieses Buches genannt.

## KRÄFTEZEHRENDE LEBENSMITTEL

Zu den Nahrungsmitteln, die die Energie beschneiden – tamasische Nahrungsmittel also –, gehören jene Speisen, die entweder schwer verdaulich sind oder Giftstoffe mit kräftezehrender Wirkung enthalten. Laut Ayurveda gehören dazu folgende Lebensmittel:

Rotes Fleisch wie Rind- und Kalbfleisch, Schweinefleisch
Lange gelagerte oder gereifte Nahrungsmittel wie Hartkäse oder gesäuerte Käsesorten
Eingelegte oder geräucherte Lebensmittel
Zwiebeln, Knoblauch und Pilze
Kartoffeln und alles, was unter der Erde wächst, mit Ausnahme von Möhren und Rote Bete
Raffinierter Zucker, Alkohol und Kaffee

### FLEISCHLOSE ERNÄHRUNG

Es ist kein Zufall, daß rotes Fleisch auf der Liste der tamasischen Nahrungsmittel ganz oben steht. Obst und Gemüse gelten gegenüber der Nahrung aus tierischer

Produktion als reiner und energiehaltiger, und deshalb
drängt die ayurvedische Lehre darauf, die Ernährung
auf rein pflanzlicher Basis aufzubauen. Der Grund
dafür, daß diese Nahrungsquellen bessere Energielieferanten sind, liegt auf der Hand: Da sie sich am Anfang
der Nahrungskette befinden, stehen sie näher an der
Sonne, die ja für jedes Nahrungsmittel die eigentliche
Energiequelle ist.

Wenn Pflanzenkost zunächst an Tiere verfüttert und
dann in Fleisch umgewandelt wird, entsteht ein beträcht-
licher Energieverlust. Im Getreide ist zum Beispiel die
Energiekonzentration siebenmal höher als im Fleisch der
Schlachttiere, die mit Getreide gefüttert worden sind.
Um von einem Schwein ein Kilo Schlachtfleisch zu erhalten, muß die siebenfache Menge an Getreide an das
Schwein verfüttert werden. Die Amerikaner sind die
größten Fleischkonsumenten der Welt. Nach wissenschaftlichen Schätzungen würde eine Verringerung des
amerikanischen Fleischkonsums um nur zehn Prozent
genügend Getreidereserven freisetzen, um die Ernährung sämtlicher notleidender Völker dieser Erde zu ga-
rantieren und dem Hunger auf der ganzen Welt ein Ende
zu setzen.

Vergleichende Untersuchungen von Vegetariern und
Fleischessern haben ergeben, daß Vegetarier ein besseres
Durchhaltevermögen haben und Dauerbelastungen besser aushalten können als Personen, die Fleisch verzehren. Die Wahrscheinlichkeit, an Darmkrebs und anderen
bösartigen Tumoren zu erkranken, ist bei Menschen mit
vegetarischer Ernährungsweise geringer. Zudem tritt
Übergewicht, ein entscheidender Risikofaktor für Blut-
hochdruck, Diabetes und viele andere Erkrankungen, bei
Vegetariern deutlich seltener auf.

Tierische Nahrung ist von vornherein mit Giftstoffen

und Stoffwechselrückständen aus dem tierischen Organismus belastet. Pflanzliche Nahrung stellt an die Verdauung schon deshalb geringere Anforderungen, weil der pflanzliche Organismus einen wesentlich geringeren Komplexitätsgrad hat, als der Organismus unserer Schlachttiere. Alles in allem kommt man an der Tatsache nicht vorbei, daß pflanzliche Ernährung gesünder ist und mehr Energie liefert als Nahrungsmittel aus tierischer Produktion.

Eine wichtige Empfehlung dieses Kapitels ist daher, daß man versuchen soll, sich eine Kost zusammenzustellen, die ohne das Fleisch großer Schlachttiere auskommt. Machen Sie einen Anfang, indem Sie den Verzehr von Rind-, Kalb- und Schweinefleisch reduzieren und stattdessen Geflügel, Fisch und vegetarische Kost zu sich nehmen. Falls Sie rotes Fleisch bereits aus Ihrer Ernährung gestrichen haben, sollten Sie den nächsten Schritt machen und den Fleischverzehr überhaupt einstellen, auch den von Geflügel und Meeresfrüchten. Ich kann Ihnen versprechen, daß Sie sich mit Freuden ganz auf eine vegetarische Ernährung umstellen werden, wenn Sie es erst einmal geschafft haben, an einigen Tagen der Woche völlig ohne Fleisch auszukommen. Aber setzen Sie sich nicht selbst unter Zugzwang und achten Sie darauf, wie es Ihnen bekommt. Mit Ihrem Energieprotokoll können Sie verfolgen, wie sich der verminderte Fleischgenuß auf Ihr Energieniveau auswirkt. Und denken Sie daran, daß in einer fleischlosen ayurvedischen Ernährung die meisten Milchprodukte keineswegs ausgeschlossen sind. Wenn Sie Ihren Speiseplan mit Milch, Hüttenkäse, Joghurt oder Lassi anreichern, wird Ihnen der Übergang zu einer nahrhaften und wohlschmeckenden fleischlosen Ernährung mühelos gelingen.

ANDERE MÜDEMACHER

Lebensmittel, die einem Alterungs- oder Reifungsprozeß
unterzogen worden sind, haben definitionsgemäß in einem längeren Verfahren ihre Frische und Vitalität eingebüßt. Derartige Nahrungsmittel wirken sich dämpfend
auf den Energiehaushalt des Körpers aus. Man sollte sie
meiden oder wenigstens reduzieren. Das gilt besonders
für saure Käsesorten wie Cheddar- und Schweizer Käse.

Auch bei der Verwendung von Zucker sollte man eine
gewisse Vorsicht walten lassen. Bei Leuten, denen die Gesundheit am Herzen liegt, hat Zucker verdientermaßen
keinen guten Ruf, wobei das eigentliche Problem der raffinierte Industriezucker ist und weniger der natürliche
Rohzucker. Bei der Aufbereitung werden dem Zucker bestimmte wichtige organische Bestandteile entzogen, die
seine Aufnahme durch den Körper verlangsamen. Der
raffinierte Zucker wird deshalb zu schnell und zu konzentriert vom Organismus aufgenommen. Das ruft eine
Störung des physiologischen Gleichgewichts hervor. Zunächst kommt es zu einem Hochgefühl, das aber alsbald
der Schläfrigkeit weicht. Brauner Zucker ist dagegen ein
ausgezeichnetes natürliches Süßmittel, besonders wenn
man ihn maßvoll verwendet.

Ähnlich wie Raffineriezucker bewirken auch Kaffee
und Alkohol einen kurzzeitigen Energieschub, der
schnell in Ermüdung übergeht. Alkohol und Kaffee bringen bei längerem Gebrauch häufig das Vata aus dem
Gleichgewicht. Alkohol sollte am besten ganz gemieden
werden, und bei Kaffee sollte es bei einer Tasse am Tag
bleiben. Wer ein Bedürfnis nach mehr Kaffee verspürt,
sollte ihn durch einen der vielen Kräutertees ersetzen.

Versuchen Sie nicht, die energiedämpfenden Nahrungsmittel ruckartig und alle auf einmal abzusetzen. Re-

duzieren Sie Ihren Verbrauch immer nur allmählich und bei jeweils einem einzigen aus dieser Palette, und verfolgen sie währenddessen, wie es Ihnen bekommt. Die Belebung Ihres Kräftehaushalts wird Ihnen die Entscheidung für eine gesündere Ernährung als die natürlichste Sache von der Welt erscheinen lassen. Falls Sie gelegentlich Appetit auf einen »Müdemacher« bekommen, sollten Sie ihn beim Mittagessen verzehren, weil dann das Verdauungsfeuer die meiste Kraft hat und der Organismus noch am ehesten in der Lage ist, mit belastenden Nahrungsmitteln fertig zu werden. Rotes Fleisch und Hartkäse belasten den Organismus weitaus mehr, wenn man sie zum Abendbrot verzehrt.

## VITAMINE

Viele chronisch müde Zeitgenossen nehmen Zuflucht zu Vitaminpräparaten und anderen Nahrungszusätzen. Dabei bietet eine ausgewogene Kost natürliche Vitamine und Minerale in Hülle und Fülle. Außerdem können Vitamine und Minerale für sich allein nur wenig ausrichten. Sie entfalten ihre volle Wirkung erst im gegenseitigen Zusammenspiel und gemeinsam mit den anderen organischen Bestandteilen unserer Nahrung. Wenn man einzelne Wirkstoffe, die zuvor isoliert worden sind, in Form von Tabletten oder Sirup zu sich nimmt, wird sich kaum das richtige und natürliche Mischungsverhältnis einstellen, das die einzelnen Wirkstoffe aufweisen müssen. Es ist sogar gut möglich, daß man sich damit eine weitere Beeinträchtigung des Gleichgewichts einhandelt. Es ist weitaus zuverlässiger und wirksamer, die Versorgung mit Nährstoffen durch natürliche Nahrungsquellen sicherzustellen – und viel billiger ist es außerdem.

## DIE SECHS GESCHMACKSRICHTUNGEN

Im Ayurveda ist der Geschmack ein wichtiger Anzeiger
dafür, welche Wirkung ein Lebensmittel auf die Doshas
und somit auf den gesamten Organismus und unsere
seelische Befindlichkeit hat. Wenn wir etwas essen, ist
der Geschmack ein zentraler Erfahrungswert. Die Tiere
auf der freien Wildbahn entscheiden mit ihrem Geschmackssinn und dem damit eng verknüpften Geruchssinn, was sie fressen und was sie verschmähen. Die Tiere
haben keine Ahnung, wie die wissenschaftlichen Empfehlungen für den Tagesbedarf an Eiweiß, Kalzium und
Eisen lauten, und trotzdem überleben sie, wobei ihre
einzige Richtschnur für eine ausgewogene Ernährung
ihr Geschmacks- und Geruchssinn ist. Die moderne
Ernährungswissenschaft hat diesen Punkt bisher fast
völlig außer acht gelassen, aber im Ayurveda spielt der
Geschmackssinn für eine ausgeglichene Ernährungsweise eine wichtige Rolle.

Die ayurvedische Lehre kennt sechs Geschmacksrichtungen. In einer wirklich ausgeglichenen Ernährung sollten sie jeden Tag vorkommen, im Idealfall sogar bei jeder
Mahlzeit.

Jede Geschmacksrichtung hat eine besondere und
wichtige Reizwirkung auf die Doshas. Wenn eine Geschmacksrichtung über längere Zeit fehlt, gerät der Organismus nach und nach aus dem Gleichgewicht.

**Beispiele für die sechs Geschmacksrichtungen:**

*Süß:* Zucker, Milch, Butter, Reis, Brot, Teigwaren
*Sauer:* Joghurt, Zitrone, Käse
*Salzig:* Salz
*Scharf:* Scharfe/feurige Speisen, Ingwer, Chili

*Bitter:* Spinat, grüne Blattgemüse, Gelbwurz (Kurkuma)
*Herb:* Bohnen, Linsen, Granatäpfel

In der modernen westlichen Ernährungsweise kommen die Geschmacksrichtungen süß, sauer und salzig relativ häufig vor, scharf, bitter und herb sind dagegen ziemlich selten. Bitter und Herb werden inzwischen von vielen gesundheitsbewußten Menschen stärker bevorzugt, aber man sollte sich darüber im klaren sein, daß zu einer ausgewogenen Ernährung auch ein gewisser Anteil von scharfen und pikanten Speisen gehört. Gerade diese Nahrungsmittel regen den Stoffwechsel an und sind daher besonders wertvoll. Ingwer hat im Ayurveda wegen seiner anregenden Wirkung auf das Verdauungsfeuer den Beinamen »die Universalmedizin« bekommen.

Die ayurvedische Ansicht über die sechs Geschmacksrichtungen wird in unserem nächsten primären Energieprinzip zusammengefaßt:

*PEP 13: Abwechslung ist die Würze des Lebens. Es ist entscheidend, daß in der täglichen Ernährung alle sechs Geschmacksrichtungen vorkommen, damit die Energie wachsen und Ausgeglichenheit entstehen kann.*

## ERNÄHRUNG, VERDAUUNG UND DIE DOSHAS

Bis hierhin galten meine Empfehlungen für alle Konstitutionstypen. Nicht jedes Lebensmittel ist jedoch für jedes Dosha gleich zuträglich oder schädlich. Wenn man mit chronischer Müdigkeit zu kämpfen hat, ist es wichtig, die Eigenschaften der einzelnen Lebensmittel zu kennen. Dieser Sachverhalt kommt im folgenden primären Energieprinzip zum Ausdruck:

*PEP 14: Als Folge des Prinzips der biologischen Einzig-artigkeit eines jeden Menschen hängt es vom jeweiligen Konstitutionstyp ab, ob ein bestimmtes Nahrungsmittel im Einzelfall die Ausgeglichenheit fördert oder stört.*

## NAHRUNGSMITTEL, DIE VATA REGULIEREN

Wie Sie sich erinnern, wurden Vata die Eigenschaften »luftig und windig« zugeordnet. Weitere Eigenschaften von Vata sind Leichtigkeit, Kälte, Rauhheit, Flinkheit und Wechselhaftigkeit. Zur Beruhigung von Vata sind Lebens-mittel und Speisen mit genau entgegengesetzten Eigen-schaften geeignet, also Warmes, Schweres und Fettes. Auch Süßes und Saures wirkt von seiner Tendenz her re-gulierend auf das Vata ein.

Um eine vata-beruhigende Ernährung zusammenzu-stellen, sollten Sie die folgenden Ratschläge beherzigen:

1. Vorzugsweise warme, gehaltvolle und fetthaltige
   Speisen
   Wenig kalte, trockene und nährstoffarme Speisen
2. Vorzugsweise süße, saure und salzige Speisen
   Wenig scharf gewürzte, bittere und herbe Speisen
3. Essen Sie ruhig viel auf einmal, aber keine Portionen
   die so groß sind, daß Ihre Verdauung sie nicht bequem
   bewältigen kann

**Besondere Empfehlungen**

*Milchprodukte:* Alle Milchprodukte beruhigen Vata.
*Süßungsmittel:* Bei maßvoller Verwendung beruhigen alle
   Süßungsmittel Vata.
*Öl:* Alle Öle wirken Vata-dämpfend.

*Getreide:* Reis und Weizen sind sehr gut, eingeschränkt werden sollten: Gerste, Mais, Hirse, Buchweizen, Roggen und Hafer.

*Obst:* Bevorzugen Sie süße, saure und gehaltvolle Früchte wie Orangen, Bananen, Avocados, Trauben, Kirschen, Pfirsiche, Melonen, Beerenobst, Pflaumen, Ananas, Mangos und Papayas. Reduzieren Sie den Verzehr von herbem Obst wie Äpfel, Birnen, Granatäpfel und Preiselbeeren.

*Gemüse:* Rote Bete, Gurken, Möhren, Spargel und Süßkartoffel sind gut. Sie sollten aber gegart und nicht roh verzehrt werden. Die folgenden Gemüsesorten sind als Kochgemüse in mäßigen Mengen unbedenklich, besonders wenn sie mit Ghee (geklärter Butter) oder Öl und mit vata-reduzierenden Gewürzen und Kräutern zubereitet werden: Erbsen, Brokkoli, Blumenkohl, Sellerie, Zucchini und grüne Blattgemüse. Rosenkohl und anderen Kohl sollte man besser meiden.

*Gewürze:* Kardamom, Kreuzkümmel, Ingwer, Zimt, Salz, Nelken, Senfkörner und kleine Mengen schwarzer Pfeffer sind gut.

*Nüsse:* Alle Nußsorten sind gut.

*Bohnen:* Essen Sie wenig Bohnen und Bohnenprodukte, außer dem Sojabohnenprodukt Tofu und Mungbohnensuppe.

*Fleisch und Fisch* (für Nichtvegetarier): Huhn, Puter, Fisch und Meeresfrüchte sind in Ordnung. Rindfleisch sollte gemieden werden.

## NAHRUNGSMITTEL, DIE PITTA REGULIEREN

Pitta ähnelt dem Feuer, es ist heiß, scharf, nicht ganz fettfrei und ätzend. Lebensmittel, die Pitta ausgleichen sollen, müssen kühl, aber nicht kalt sein, nicht übermäßig fett, aber auch nicht trocken, und sie dürfen weder stechend scharf, noch besonders sauer sein. Sehr saure oder stark vergorene Lebensmittel wie manche Zitrusfrüchte oder Essig stören durch ihre aggressive Säure das Gleichgewicht von Pitta ganz besonders. Auch saure Käsesorten gehören in diese Kategorie. Selbst naturbelassener Joghurt ist für den Pitta-Typ meist zu sauer. Pittas sollten Joghurt als Lassi zubereitet zu sich nehmen. Auch Tomaten und Tomatensauce führen zu einer Verstärkung des Pitta-Doshas.

Für eine pitta-ausgleichende Ernährung gelten folgende Regeln:

1. Vorzugsweise kühle und flüssige Kost
   Wenig heiße Speisen
2. Vorzugsweise süße, bittere und herbe Speisen
   Wenig pikante, salzige oder saure Speisen

**Besondere Empfehlungen**

*Milchprodukte:* Milch, Butter und Ghee beruhigen das Pitta. Reduzieren oder meiden Sie den Verzehr von Joghurt, Käse, Sauerrahm und Buttermilch, die durch ihren Säuregehalt das Pitta reizen.

*Süßmittel:* Außer Honig und Sirup können sämtliche Süßmittel verwendet werden.

*Öl:* Das Öl von Oliven, Sonnenblumen und Kokosnüssen ist am besten geeignet. Verwenden Sie wenig oder kein Sesam-, Mandel- und Maisöl. Diese Öle steigern das Pitta.

*Getreide:* Weizen, polierter Reis, Gerste und Hafer sind die geeignetsten Getreidesorten. Essen Sie wenig Mais, Roggen, Hirse und Naturreis.

*Obst:* Bevorzugen Sie süße Obstsorten wie Trauben, Kirschen, Melonen, Beerenobst, Avocados, Kokosnuß, Granatäpfel, Mangos und vollreife Orangen, Ananas und Pflaumen. Meiden Sie saure Früchte wie Grapefruit, Oliven, Papayas, Persimonen sowie saure, nicht durchgereifte Orangen, Ananas und Pflaumen.

*Gemüse:* Zuträgliche Gemüsesorten sind Spargel, Gurken, Kartoffeln, Süßkartoffeln, Kürbis, Brokkoli, Blumenkohl, Sellerie, Okra, Bohnen, grüne Bohnen, Zucchini und grüne Blattpflanzen wie Kopfsalat. Meiden Sie Peperoni, Tomaten, Möhren, Rote Bete, Zwiebeln, Knoblauch, Radieschen, Spinat und Senfblätter.

*Bohnen:* Meiden Sie Bohnen generell, außer dem Sojabohnenprodukt Tofu und Mungbohnensuppe.

*Gewürze:* Zimt, Koriander, Kardamom und Fenchel sind gut. Die folgenden Gewürze heizen das Pitta an und sollten nur in geringem Umfang verwendet werden: Ingwer, Kümmel, schwarzer Pfeffer, Bockshornkleesamen (Fenugreek), Nelken, Selleriesamen, Salz, Pfefferkörner. Chili und Cayennepfeffer sollten Sie überhaupt nicht verwenden.

*Fleisch und Fisch* (für Nichtvegetarier): Huhn, Fasan und Puter sind vorzuziehen. Rindfleisch, Meeresfrüchte und Eidotter verstärken das Pitta und sollten deshalb gemieden werden.

## NAHRUNGSMITTEL, DIE KAPHA REGULIEREN

Kapha ist das erdige und wäßrige Dosha. Es ist schwer, stabil, fettig, langsam, stumpf und süß. Ausgleich schaffende Nahrungsmittel müssen deshalb leicht und trocken sein, wobei die Geschmacksrichtungen scharf, bitter und herb auf das Kapha-Dosha besonders belebend und ausgleichend wirken. Getreidesorten wie Gerste, Hirse und Mais sind diesem Dosha besonders zuträglich, das gleiche gilt für grünes Blattgemüse und für fast alle Gewürze. Nicht zuträglich sind schwere, fette und kalte Speisen.

Wenn Kapha Ihr dominierendes Dosha ist, gestalten Sie Ihre Ernährung nach den folgenden Ratschlägen:

1. Vorzugsweise leichte, trockene und warme Speisen
   Wenig schwere, fette und kalte Speisen
2. Vorzugsweise pikante, bittere und herbe Speisen
   Wenig Süßes, Salziges und Saures

**Besondere Empfehlungen**

*Milchprodukte:* Wenig oder keine Milchprodukte, außer entrahmter Milch

*Obst:* Leichte Obstsorten wie Äpfel und Birnen sind am besten geeignet. Verzehren Sie wenig schweres und saures Obst wie Orangen, Bananen, Ananas, Feigen, Datteln, Avocados und Melonen.

*Süßungsmittel:* Honig ist ein ausgezeichneter Kapha-Dämpfer. Meiden Sie aber sämtliche zuckrigen Naschereien. Süßigkeiten sind Kapha-Verstärker.

*Bohnen;* Alle Bohnen, aber keinen Tofu

*Nüsse:* Möglichst wenig

*Getreide:* Die meisten Getreidesorten sind gut für Kapha. Das gilt besonders für Gerste und Hirse. Weniger gut geeignet sind Weizen und Reis.

*Gemüse:* Sämtliche Sorten, außer Tomaten, Gurken Zucchini und Süßkartoffeln

*Gewürze:* Zimt, Koriander, Kardamom und Fenchel sind empfehlenswert. Die folgenden Gewürze sind ein starker Reiz für Kapha und sollten nur sparsam verwendet werden: Ingwer, Kümmel, schwarzer Pfeffer, Bockskleesamen (Fenugreek), Nelken, Selleriesamen, Salz, Senfkörner. Gemieden werden sollen Chili und Cayennepfeffer.

*Fleisch und Fisch* (für Nichtvegetarier): Das weiße Fleisch von Huhn und Puter sowie Seefisch bzw. Meeresfrüchte. Möglichst wenig rotes Fleisch.

## DER GESCHMACK UND DIE DOSHAS

Wir haben gesehen, daß manche Lebensmittel auf einen bestimmten Konstitutionstyp eine ausgleichende Wirkung haben. Mit den Geschmacksrichtungen verhält es sich ganz ähnlich. In der folgenden Tabelle ist die Wirkung der einzelnen Geschmacksrichtungen auf die Doshas angegeben.

| | |
|---|---|
| Vata-dämpfend: | Süß, sauer, salzig |
| Vata-steigernd: | Scharf, bitter, herb |
| Pitta-dämpfend: | Süß, bitter, herb |
| Pitta-steigernd: | Scharf, sauer, salzig |
| Kapha-dämpfend: | Scharf, bitter, herb |
| Kapha-steigernd: | Süß, sauer, salzig |

Halten Sie sich nach Möglichkeit an das Grundprinzip, daß jeden Tag sämtliche Geschmacksrichtungen in Ihrer Nahrung vertreten sind – idealerweise sogar bei jeder einzelnen Mahlzeit. Man soll sich allerdings nicht überängstlich um die pedantische Einhaltung dieses Grundsatzes bemühen. Wichtig ist, daß Sie die Zusammenhänge kennen und dem Essen durch die Anwendung dieses Wissens mehr Freude und Vergnügen abgewinnen.

Die Ernährung sollte vor allem und in erster Linie eine Quelle der Freude und des Behagens sein, und der Zweck

meiner Empfehlungen ist, Ihnen dazu zu verhelfen.
Wenn Sie mit Müdigkeit zu kämpfen haben, wird Ihre Situation nicht dadurch gebessert, daß Sie sich auch noch
über Ihre Ernährung den Kopf zerbrechen. Das Gegenteil wäre vermutlich der Fall. Ihr eigener Geschmack und
Ihre eigenen Vorlieben sind eine ausgezeichnete Richtschnur für die Befriedigung der Bedürfnisse Ihres Organismus. In dem Maß, wie Sie Ihr Gleichgewicht wiedererlangt haben, können Sie auch mehr Vertrauen in die
inneren Signale ihres Körpers setzen. Je mehr sich Ihre
Selbstwahrnehmung schärft, desto besser werden Sie
Ihre Ernährung und Ihr Leben überhaupt genießen können.

Zum Abschluß möchte ich sämtliche Empfehlungen,
die ich Ihnen in diesem Kapitel gegeben habe, kurz zusammenfassen:

1. Lernen Sie, welche Nahrungsmittel Ihnen Energie
   spenden und welche Ihre Energie dämpfen. Energiespender sollten Sie bei Ihrer Ernährung bevorzugen,
   Energiedämpfer dagegen mehr und mehr vermeiden.
2. Machen Sie sich mit den sechs verschiedenen Geschmacksrichtungen vertraut, und sorgen Sie für eine
   entsprechende Zusammensetzung Ihrer täglichen
   Nahrung – bzw. im Idealfall der einzelnen Mahlzeiten.
3. Studieren Sie die Tabellen mit den dosha-regulierenden Nahrungsmitteln in diesem Kapitel. Bringen Sie
   Ihre Ernährung in Einklang mit Ihrem Konstitutionstyp. Machen Sie sich eine Liste von Speisen und
   Nahrungsmitteln, die Ihnen schmecken und die Ihrer
   persönlichen Dosha-Struktur zuträglich sind. Erstellen
   Sie daraus einen Speiseplan.
4. Machen Sie weiter Ihre täglichen Eintragungen in Ihr
   Energieprotokoll und verfolgen Sie die Entwicklung

Ihres Zustandes. Notieren Sie sich auffällige Zusammenhänge zwischen Ihrem Eßverhalten und Ihrem Befinden.

5. Ganz besonders wichtig: Freuen Sie sich an Ihrem neuerworbenen Wissen und genießen Sie Ihre Mahlzeiten!

# 5 WENIGER MÜDIGKEIT DURCH WENIGER STRESS

Wir haben uns bisher nur mit den biologischen Ursachen der chronischen Müdigkeit befaßt, aber es spricht vieles dafür, daß der Einfluß von Geist und Seele bei der Entstehung dieses Problems den weitaus größeren Anteil hat. Im ersten Kapitel erwähnte ich eine Studie an über tausend an chronischer Müdigkeit leidenden Personen, die im »Journal of the American Medical Association« veröffentlicht wurde. Trotz eingehender Untersuchungen von Körperfunktionen und Blutwerten konnte man nur bei einer kleinen Minderheit dieser Menschen irgendwelche außerhalb der Norm liegende Befunde nachweisen. Allerdings zeigten achtzig Prozent der Patienten deutliche Symptome von Angstzuständen und Depression.

## DIE APOTHEKE IM KÖRPER

Diese Tatsache findet ihre Erklärung wieder einmal im Zusammenspiel von Körper und Geist und das so offensichtlich, daß man sich fragt, wieso die moderne medizinische Wissenschaft so lange darüber hinwegsehen konnte. Inzwischen allerdings beginnt man endlich die wichtige Rolle, die die Neurotransmitter und besonders die Neuropeptide für das Funktionieren unseres Organismus spielen, zu verstehen. Immer wenn sich ein Gedanke oder ein Gefühl im Menschen regt, bildet der Körper

Stoffe, die in den Kreislauf ausgeschüttet werden, wo sie
sich verteilen und in alle Organe gelangen. Diese Stoffe
sammeln sich vor allem im Verdauungssysten und in den
Immunzellen an, deren natürliche Funktionen sie beträchtlich steigern oder auch dämpfen können.

Die im Gehirn produzierten chemischen Stoffe sind
oft sehr starke Narkotika. Vor zwanzig Jahren etwa wurden die »Endorphine« entdeckt. Das Wort ist aus dem
Griechischen abgeleitet und bedeutet soviel wie »inneres
Morphium«. Die Endorphine sind natürliche Betäu-
bungsmittel und werden im Gehirn produziert. Ihre Ver-
wandtschaft mit dem Morphium ist keineswegs an den
Haaren herbeigezogen. Morphium, ein dem Heroin eng
verwandtes Opiat, ist wahrscheinlich das stärkste Schmerzmittel, das in der Medizin angewandt wird. Viele Endorphine sind jedoch fünfzig- bis hundertmal stärker als
Morphium. Man kann sich kaum vorstellen, daß der
menschliche Körper in der Lage ist, ein so starkes Betäu-
bungsmittel herzustellen, und doch produziert er es andauernd in kleinen Mengen und bei akut auftretenden
Schmerzen sogar in beträchtlichem Umfang.

Die Endorphine sind nur ein Beispiel von buchstäblich
Tausenden von natürlichen heilenden und gesunderhal-
tenden Chemikalien, die im Gehirn produziert werden.
Diese natürlichen, körpereigenen chemischen Stoffe haben gegenüber den Produkten der Pharmaindustrie den
großen Vorteil, daß sie, ausgelöst durch einen Schmerz
oder einen anderen biologischen Reiz, als körpereigene
Wirkstoffe in genau dem richtigen Augenblick und in genau der richtigen Dosierung ausgeschüttet werden. Zudem sind diese natürlichen »Biomedikamente« mit keinerlei Nebenwirkungen behaftet, denn sie sind ja ein
Bestandteil des köpereigenen Gesundheitssystems.

Die natürliche Apotheke des Gehirns hält nicht nur

hochwirksame Schmerzmittel bereit, sondern auch komplizierte Kombipräparate, die sämtliche wichtigen Körpersysteme, und somit auch jene Systeme, die uns mit Energie versorgen, wieder ins Gleichgewicht bringen können. Wenn man lernt, die Apotheke in unserem Gehirn richtig einzusetzen, hat man im wahrsten Sinne des Wortes den Schlüssel zur vollkommenen Gesundheit gefunden. Wenn Sie auf diesem Gebiet ein Meister geworden sind, verfügen Sie über eine Palette von selbstproduzierten Präparaten, die die Lebensfunktionen Ihres Organismus so wirksam unterstützen, wie kein Aufputschmittel es könnte. Natürlich sind Sie dann auch in der Lage, dafür zu sorgen, daß es nicht zur Ausschüttung von Botenstoffen kommt, die die Energieproduktion des Organismus dämpfen und die Selbstheilungskraft schmälern.

Die Kontrollinstanz für die Produktion von Botenstoffen im Gehirn ist der Geist. Geistige Ausgeglichenheit führt zur Ausgeglichenheit der chemischen Vorgänge im Gehirn, was wiederum ein optimales Funktionieren der Energiesysteme unseres Körpers nach sich zieht. Aber wie erreicht man den Zustand geistiger Ausgeglichenheit? Der erste Schritt, der gleichzeitig auch der wichtigste ist, besteht darin, die Belastung durch Streß zu reduzieren beziehungsweise ganz auszuschalten.

## STRESS, VERDAUUNG UND DIE IMMUNREAKTION

Über Streß redet heutzutage jeder. Man stellt sich dabei Situationen vor wie das Steckenbleiben in einem Stau auf der Autobahn, Termindruck bei der Arbeit oder Kränkungen und Enttäuschungen. Im Ayurveda wird Streß als »übermäßiger Druck aus der Erlebniswelt« verstanden. Zu diesem Druck kommt es, wenn unser Körper und unsere Nerven sich mit Ereignissen auseinanderzusetzen haben, mit denen sie nicht mehr in ausgewogener und geregelter Weise fertig werden können. Die physiologischen Auswirkungen einer solchen Überlastung sind beträchtlich.

Wir sind im allgemeinen der Auffassung, daß Streß nur durch unangenehme Situationen ausgelöst wird, aber unser Organismus kann auch erfreuliche Erlebnisse als »übermäßigen Druck« empfinden. Wenn man Ihnen unvermutet mitteilen würde, daß Sie 20 Millionen Mark im Lotto gewonnen hätten, würde zweifellos Ihr Herz zu rasen beginnen, Ihr Blutdruck würde hochschnellen, und Sie würden einen Schweißausbruch bekommen. Das sind aber alles typische Streßsymptome, und es ist wieder ein Beleg für das Zusammenspiel von Körper und Geist – hat doch ein rein psychologisches Erlebnis eine unmittelbare körperliche Reaktion hervorgerufen.

In der Psychologie spricht man von der Fluchtreaktion. Es geht um »Flüchten oder Standhalten« – dieses Begriffspaar dürfte vielen Lesern bekannt sein. Bei der Fluchtreaktion bewirkt die Angst die Ausschüttung von einer Vielzahl von Botenstoffen, die über den Kreislauf an jede Stelle des Körpers gelangen und dort ihre Wirkung entfalten. Der Puls schnellt in die Höhe, die Verdauung wird unterbrochen, das Blut wird zugunsten der Durchblutung der Muskulatur von den inneren Organen abgezogen – der Betroffene verspürt deshalb manchmal leichte Übelkeit, sogar die Haare können sich sträuben.

Die Fluchtreaktion kostet den Körper eine gewaltige Menge Energie. Auch ein abgemilderter Verlauf der Reaktion fordert seinen Tribut. Selbst das normale Auf und Ab unseres Alltags löst unentwegt stark abgeflachte Fluchtreaktionen aus. Wenn Ihnen Ihr Leben wie ein beständiger Kampf vorkommt, können Sie davon ausgehen, daß Ihr Körper mit einer Mini-Reaktion nach der anderen auf die Ereignisse in seiner Umgebung reagiert.

Kurz gesagt: Streß beeinträchtigt die Funktionsfähigkeit des Körpers. Langzeitstreß schädigt die für den Kräftehaushalt entscheidende Funktion der Verdauungs- und Ausscheidungsorgane. Mit Redewendungen wie »Mir liegt ein Stein im Magen« oder »Ich habe einen Kloß im Hals« legt unsere Umgangssprache beredtes Zeugnis davon ab.

Wenn der Körper pausenlos die Muskulatur in Alarmbereitschaft hält, da er meint, irgendwelchen als bedrohlich empfundenen Situationen begegnen zu müssen, bleibt die Verwertung der Nahrung auf der Strecke. Chronische Müdigkeit ist die notwendige Folge.

Streß hat nicht nur nachteilige Wirkungen auf das Verdauungssystem, er schwächt auch das Immunsystem. Im Gehirn werden sogenannte Immunmodulatoren produziert und ausgeschüttet, die unmittelbar auf die Immunzellen einwirken. Genauer gesagt: Die durch den Fluchtreflex im Gehirn gebildeten Botenstoffe hemmen die körpereigene Abwehr. Menschen unter Dauerstreß haben daher eine schlechtere Immunabwehr. Es ist ein ziemlich großer Forschungsaufwand betrieben worden, um die Beziehung zwischen schlechter Immunabwehr und CFS, der im ersten Kapitel erwähnten schweren Form von chronischer Müdigkeit, aufzuhellen.

PEP 15 faßt zusammen, wie Streß und Müdigkeit miteinander zusammenhängen:

*PEP 15: Streßreaktionen sind einer der Hauptfaktoren für das Zustandekommen von chronischer Müdigkeit, da der Streß in die Energieerzeugung des Körpers eingreift, insbesondere in die Verdauung, und zusätzlich das Immunsystem schwächt.*

## STRESSABBAU DURCH MEDITATION

Streß kann abgebaut werden, indem man dem Körper Erfahrungen vermittelt, die das genaue Gegenteil von Streß sind, also Tiefenentspannung, Ausgleichssport und Erholung. Im folgenden werden einfache, aber sehr wirksame Übungen zum Abbau von Streß vorgestellt.

Der vielfältige Nutzen der Meditation ist in zahllosen Untersuchungen nachgewiesen worden. Millionen von Menschen auf der ganzen Welt können die positive Wirkung von Meditationsübungen bestätigen. Bei manchen Meditationsformen werden Mantras benutzt. Dies sind Urformeln, die man zur Erweiterung des Bewußtseins vor sich hin murmelt oder summt. Urlautmeditation wird zum Beispiel am »Center for Mind/Body Medicine« in Kalifornien und auch an anderen Institutionen gelehrt. Es ist jedoch keineswegs die einzige nutzbringende Meditationstechnik.

Die nachfolgend beschriebene Atemmeditation ist ausgezeichnet zur Streßbewältigung geeignet. Man kann sie sich leicht und ohne fremde Anleitung selbst beibringen.

ATEMMEDITATION

1. Wählen Sie einen Zeitpunkt, an dem Sie frei von Verpflichtungen sind und nicht mit Störungen rechnen müssen.
2. Suchen Sie sich einen ruhigen Ort, wo Sie nicht durch Verkehrslärm oder andere Geräusche abgelenkt werden. Setzen Sie sich auf den Boden oder auf einen Stuhl mit einer geraden Rückenlehne und schließen Sie die Augen.

3. Atmen Sie ganz normal weiter, aber konzentrieren Sie sich beim Ein- und Ausatmen zunehmend auf Ihren Atemvorgang. Folgen Sie mit Ihrem Bewußtsein zwanglos dem Ein- und Ausströmen des Atems, ohne dabei auf die Atmung in irgendeiner Weise Einfluß zu nehmen.

4. Nehmen Sie eine beobachtende Haltung ein und lassen Sie Ihren Atem unbeeinflußt gewähren, auch wenn er sich beschleunigt, verlangsamt oder vielleicht sogar einen Augenblick lang ganz aussetzt. Vertrauen Sie darauf, daß er sich von ganz allein wieder stabilisieren wird.

5. Wenn Sie abgelenkt werden oder Ihre Gedanken zu wandern beginnen, brauchen Sie nicht dagegen anzukämpfen. Beobachten Sie, wie Ihr Bewußtsein zwanglos wieder zu Ihrer Atmung zurückkehrt.

6. Meditieren Sie ungefähr fünfzehn Minuten. Bleiben Sie mit geschlossenen Augen noch ein paar Minuten sitzen, bis Ihre Gedanken wieder zu den Belangen des Alltags zurückgefunden haben.

Sie werden feststellen, daß Ihre Gedanken zu immer größerer Ruhe gelangen, je mehr Sie sich mit dieser Meditationstechnik vertraut machen. Ihr Geist wird schließlich in jenen vollkommenen Ruhezustand gelangen, der tief unter der Ebene des Alltagsbewußtseins liegt. Die Erfahrung von völliger Ruhe und Entspannung ist äußerst wichtig und gewinnbringend. Für die Bewältigung von Streß und der damit fast unweigerlich verbundenen Müdigkeit sind regelmäßige Meditationsübungen von unschätzbarem Wert.

Machen Sie die Übung zweimal am Tag – morgens und abends. Wie bei der Umstellung Ihrer Ernährung sollten Sie auch hierbei die Veränderung Ihres Befindens anhand des Energieprotokolls verfolgen. Meditation ist eine der sichersten und wirksamsten Methoden, um den Streß ab- und die Energie aufzubauen. Der geringe Aufwand an Selbstüberwindung bringt mit Sicherheit den allergrößten Gewinn.

## STRESSABBAU DURCH YOGA-ÜBUNGEN

Yoga-Übungen stellen neben den oben genannten Meditationsübungen eine weitere hochwirksame Technik zur Harmonisierung von Körper und Geist dar. Auch sind Yoga-Übungen zur Streßbewältigung und zur Hebung des Energieniveaus bestens geeignet. Diese körperlichen Übungen sind ein Teil der uralten indischen Meditationslehre des Yoga und werden im Yoga schon seit Jahrtausenden mit großem Erfolg eingesetzt.

Neuromuskuläre Integrationsübungen (so der ayurvedische Fachbegriff) bestehen aus einer Abfolge von Streck- und Dehnübungen aus dem Repertoire des Yoga, die das Zusammenspiel von Geist und Körper, aber auch andere Funktionsbereiche des Organismus beleben. Hierbei handelt es sich nicht um herkömmliche schweißtreibende Gymnastik. Neuromuskuläre Integration ist wesentlich subtiler und kommt im Idealfall ohne jede Anstrengung aus. Bei diesen Übungen werden bestimmte lebensspendende Punkte des Organismus angeregt. Diese Punkte heißen im Ayurveda *marmas.*

Es gibt insgesamt 108 Marmapunkte. Sie sind die Schaltstellen, über die Energie und biologische Intelligenz in die verschiedenen Regionen des Organismus geleitet werden. Die hier vorgestellten Übungen dienen dazu, all diese Marmapunkte in fein aufeinander abgestimmter Weise zum Funktionieren zu bringen. Sobald dies erreicht ist, wird sich im gesamten Organismus ein einheitlicher und ausgeglichener Strom von Energie einstellen.

## YOGA-ÜBUNGEN

Die folgenden einfachen Yoga-Übungen fördern die Ausgeglichenheit und das Zusammenspiel von Körper und Geist auf allen Ebenen. Jede Übung sorgt für die Dehnung einer anderen Körperpartie und damit für die Wiederbelebung der jeweiligen Marmas. Das Wesentliche an dieser Art von Übungen ist die Einbeziehung von Körper *und* Geist. Die geistige Seite der Übungen ist genau so wichtig wie die körperliche. Es kommt sehr darauf an, jede Yoga-Stellung so lange zu halten, wie es in der jeweiligen Anleitung empfohlen wird. Währenddessen sollten Sie Ihre Körperwahrnehmung zwanglos auf der Körperpartie ruhen lassen, die gerade gedehnt und gestreckt wird. Dieser Zustand wird sich vermutlich von ganz allein einstellen. Sie sollten sich nicht angestrengt darauf konzentrieren – lassen Sie einfach Ihre bewußte Wahrnehmung zwanglos zu den betreffenden Partien gleiten. Genau das ist es, was die Wiederbelebung der Marmapunkte bewirkt, die sich in diesen Körperregionen befinden. Dies ist ein Vorgang, der nach unserem ersten primären Energieprinzip verläuft: Bewußte Wahrnehmung hat organisierende Kraft. Durch die bewußte Wahrnehmung können Sie sich die natürlichen Heilkräfte Ihres Körpers dienstbar machen.

Bei diesen Übungen sollten Sie sich auf keinen Fall anstrengen müssen. Übungen, die Ihnen zu schwierig oder zu anstrengend sind, sollten Sie auslassen oder nur als Kurzversion absolvieren. Treiben Sie die Dehnung nur so weit, bis Sie eine angenehme Spannung spüren – die Spannung soll auf keinen Fall bis an die Schmerzgrenze gehen oder gar darüber. Wenn Sie sich nicht im klaren sind, ob die Übungen aus diesem Programm für Sie geeignet sind, sollten Sie sich bei Ihrem Arzt erkundigen. Das gleiche gilt, wenn Sie schon in fortgeschrittenem Alter sind oder ein akutes Muskel-, Gelenk- oder Knochenleiden haben – chronische Nacken- oder Rückenschmerzen zum Beispiel. Wenn keine dieser Einschränkungen vorliegt, können Sie ein- bis zweimal am Tag diese Übungen machen. Das vollständige Übungsprogramm nimmt etwa zehn Minuten in Anspruch.

Machen Sie sich zuerst mit der folgenden Anleitung vertraut:

1. Achten sie darauf, daß Sie sich nicht überdehnen. Die zeichnerischen Darstellungen der Übungen zeigen jeweils die Idealstellung. Sie sollten sich aber immer nur so weit dehnen und strecken, wie es Ihnen ohne Anstrengung möglich ist. Ihre Beweglichkeit wird sich mit der Zeit verbessern. Auf gar keinen Fall sollten Sie sich so stark dehnen, daß es unangenehm oder gar schmerzhaft wird.

   Stellungen, die Ihnen schon im Ansatz unangenehm oder schmerzhaft sind, sollten Sie ganz auslassen. Wer an einer chronischen Muskel- oder Knochenkrankheit leidet, sollte den Rat eines Arztes einholen, bevor er sich mit diesen Übungen befaßt.

2. Wenn Ihnen bestimmte Beugungen nicht ganz gelingen wollen, sollten Sie auf keinen Fall versuchen, durch Nachwippen ein besseres Ergebnis zu erzwingen. Beugen Sie sich so weit, wie es ohne Anstrengung geht, und versuchen Sie nicht, etwas mit Gewalt zu erzwingen.

3. Verharren Sie in der Position jeweils so lange, wie es in der entsprechenden Anweisung angegeben ist, und lösen Sie die Stellung dann ohne Hast wieder auf. Vermeiden Sie es, den Atem zu stauen und die Luft anzuhalten. Atmen Sie während der Übungen ganz natürlich weiter.

4. Tragen Sie bequeme Kleidung, die Sie nicht beengt. Machen Sie die Übungen nicht auf dem nackten Fußboden, sondern auf einer dicken Wolldecke, einer Gymnastikmatte oder einer anderen gepolsterten Unterlage.

5. Machen Sie die Übungen nicht mit vollem Magen, sondern erst zwei bis drei Stunden nach dem Essen.

6. Lassen Sie Ihre Wahrnehmung zwanglos in die gerade gedehnte Körperregion gleiten. Ihre Aufmerksamkeit wird ganz von allein dorthin gezogen werden. Die Übungen werfen dann den größten Nutzen ab, wenn Sie Ihr Bewußtsein in der Region verweilen lassen, die jeweils gerade gedehnt wird.

7. Wenn sie jede Stellung nur einmal einnehmen, dauert ein Durchgang nicht länger als fünf bis zehn Minuten. Falls Sie genügend Zeit haben, können Sie jede Übung dreimal hintereinander machen, bevor Sie zur nächsten übergehen.

8. Achten Sie bei den Übungen auf die angegebene Reihenfolge. Jede Stellung ist so angelegt, daß sich der Körper dabei auf die folgende Übung einstellen kann.

## 1. Massage zum Warmwerden

Diese zweiminütige Ganzkörpermassage regt sanft den Blutkreislauf an und läßt das Blut zum Herzen steigen.

1. Setzen Sie sich bequem hin. Pressen sie beide Hände mit den Handflächen und Fingern auf die Schädeldecke. Führen Sie die Hände unter rhythmischen Greifbewegungen über das Gesicht und die beiden Seiten des Halses hinab bis zur Brust. Beginnen Sie wieder von neuem am Scheitel. Führen Sie jetzt die Greifmassage den Nacken hinunter und dann nach vorn zur Brust.

2. Umgreifen Sie mit der linken Hand fest die vorderen Fingerglieder der rechten Hand. Führen Sie unter rhythmischem Lockern dieses Griffs die Druckmassage über die Hand den Arm hinauf bis zu Schulter und Brustansatz. Massieren Sie zuerst die Oberseite des Arms, dann die Unterseite. Anschließend wird der linke Arm auf entsprechende Weise massiert.

3. Legen Sie die Fingerspitzen von rechts und links in gleicher Höhe an den Nabel. Führen Sie die Hände unter rhythmischem Drücken langsam von der Bauchdecke bis auf Herzhöhe nach oben zur Brust.

4. Legen Sie die Fingerkuppen in der Taille hinten ans Rückgrat, und führen Sie die Hände unter rhythmischer Druckmassage über die Wirbelsäule und den Rippenansatz so weit wie möglich, etwa bis zur Höhe des Herzens nach oben.

5. Beginnen Sie mit der unter (2) beschriebenen Druckmassage an den Zehen des rechten Fußes. Führen Sie die Massage über die Waden und Oberschenkel bis zur Taille. Wechseln Sie anschließend zum linken Fuß.

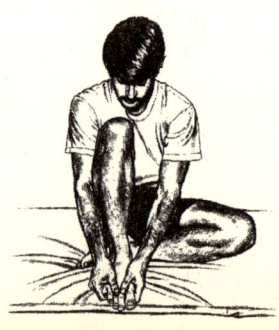

6. Legen Sie sich mit angezogenen Beinen auf den Rücken und umgreifen Sie die Knie mit den Händen. Heben Sie etwas den Kopf. Lassen Sie sich zuerst auf die rechte Seite rollen, bis das Handgelenk den Boden berührt und dann nach links. Wiederholen Sie die Übung fünfmal, und strecken Sie anschließend langsam die Beine, bis Sie wieder flach auf dem Rücken liegen. Ruhen Sie sich ein paar Sekunden lang aus.

## 2. Der Diamantsitz

Diese Übung stärkt Beckenboden und Rücken und ist eine Vorbereitung des Körpers auf die anderen Yoga-Übungen.

1. Knien Sie sich hin, und setzen Sie sich dann auf die Fußsohlen. Die beiden großen Zehen liegen überkreuz. Legen Sie die Hände mit den Handflächen nach oben in den Schoß. Kopf, Nacken und Rückgrat bilden eine gerade Linie.

2. Heben Sie den Körper langsam bis zum Kniestand, und lassen Sie ihn anschließend wieder sanft und ruckfrei auf die Fußsohlen zurücksinken. Wiederholen Sie die Übung mehrmals.

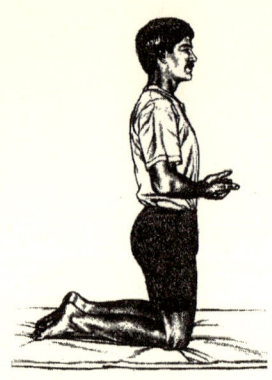

### 3. Die Kopf-zum-Knie Stellung

Diese Stellung kräftigt und entspannt Wirbelsäule und Unterleib und fördert die Verdauungstätigkeit.

1. Strecken Sie aus dem Sitzen das rechte Bein. Ziehen Sie das linke Bein mit der Fußsohle an die Innenseite des rechten Oberschenkels.

2. Beugen Sie den Oberkörper mit gestreckten Armen vor und umgreifen Sie mit den Händen den Knöchel des rechten Beins. Falls nötig, können Sie das linke Bein im Knie etwas beugen. Verharren Sie ein paar Sekunden in dieser Stellung. Lösen Sie nun die Spannung, und richten Sie den Oberkörper langsam wieder zur Sitzposition auf.
3. Wiederholen Sie die Übung mit dem anderen Bein.

### 4. Der Schulterstand (Kerze)

Diese Stellung kräftigt das Drüsensystem, besonders die Schilddrüse. Sie belebt bei geistiger Erschöpfung, lockert die Wirbelsäule und wirkt allgemein beruhigend.

1. Legen Sie sich auf den Rücken. Heben Sie langsam die Beine bis zu einem Winkel von rund 45 Grad, und winkeln Sie dann den Körper um weitere 45 Grad in der Hüfte ab. Stützen Sie die Hüften mit den Händen. Die Ellbogen liegen am Körper.

2. Führen Sie die Füße auf einem Kreisbogen über den Kopf und noch etwas weiter. Verweilen Sie eine halbe Minute in dieser Stellung.

3. Kehren Sie langsam in die Ausgangsstellung zurück. Ziehen Sie die Knie an, damit der Rumpf nicht kippt, wenn Sie das Gesäß allmählich wieder auf den Boden hinuntersinken lassen. Strecken Sie sodann die Beine wieder aus und lassen Sie sie langsam herabsinken. Entspannen Sie sich schrittweise. Achten Sie darauf, daß Sie während der ganzen Übung normal und unverkrampft atmen.

4. Kehle und Nacken sollen bei dieser Übung nicht gepreßt oder gezerrt werden.

**5. Der Pflug**

Diese Übung kräftigt und entspannt Rücken, Nacken und Schultern. Sie normalisiert die Funktionen von Leber, Milz und Schilddrüse und wirkt allgemein belebend.

1. Gehen Sie aus dem Schulterstand in diese Stellung über. Dazu müssen Sie das Becken abwinkeln und die Beine über den Kopf hinweg nach vorne sinken lassen.

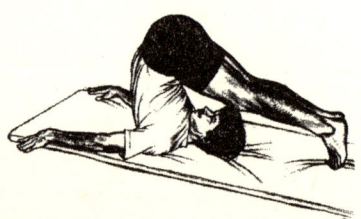

2. Lassen Sie die Beine nur so weit heruntersinken, wie es Ihnen angenehm ist. Achten Sie darauf, daß die Spannung im Nacken nicht zu groß wird. Strecken Sie die Arme hinter dem Rücken aus. Der Rumpf sollte auf

dem oberen Schulterbereich ruhen, Hüften und Schultergelenke müssen eine annähernd senkrechte Linie bilden. Verschränken Sie jetzt die Arme um den Kopf und verharren Sie einige Sekunden in dieser Stellung.

3. Kehren Sie nun langsam in die Rückenlage zurück. Ziehen Sie die Knie an, damit der Rumpf nicht umkippt, während Ihr Gesäß allmählich wieder Bodenberührung bekommt. Strecken Sie sodann die Beine aus und lassen Sie sie langsam auf den Boden heruntersinken. Entspannen Sie sich.

## 6. Die Kobra

Diese Übung kräftigt und entspannt die Rückenmuskulatur und hat einen günstigen Einfluß auf die Unterleibsorgane.

1. Legen Sie sich auf den Bauch. Die Hände liegen direkt unter den Schultern, Handflächen nach unten, Finger nach vorne.

2. Stemmen Sie nun langsam Kopf und Brust in die Höhe. Während sich die Arme strecken, bleiben die Ellbogen eng am Körper. Halten Sie die Position einige Sekunden lang.

3. Geben Sie in den Ellbogen nach und lassen Sie den Rumpf langsam heruntersinken, bis Sie sich wieder in der Bauchlage befinden, wobei eine Wange auf der Unterlage ruht. Entspannen Sie sich völlig.

**7. Die Heuschrecke**

Diese Übung kräftigt den Lendenwirbelbereich, fördert die Verdauung und wirkt ausgleichend auf Blase, Prostata, Gebärmutter und Eierstöcke.

1. Bleiben Sie auf dem Bauch liegen. Die Arme sind neben dem Körper ausgestreckt, Handflächen nach oben. Das Kinn ruht sanft auf dem Boden.

2. Heben Sie nun die ausgestreckten Beine von der Hüfte aus an. Atmen Sie normal weiter und bleiben Sie einige Sekunden in dieser angespannten Stellung liegen. Senken Sie nun die Beine wieder ab.

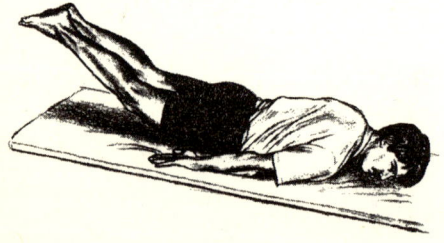

3. Wenn es Ihnen anfangs schwerfällt, beide Beine gleichzeitig zu heben, sollten Sie es nicht mit Gewalt versuchen. Heben Sie im Wechsel immer nur ein Bein.

## 8. Der Drehsitz

Diese Übung fördert die Durchblutung von Leber, Milz, Nebennieren und Nieren. Sie baut Spannungszustände im Schulterbereich, in der oberen Wirbelsäule und im Nacken ab.

1. Setzen Sie sich mit gestreckten Beinen auf den Boden.
2. Ziehen Sie das linke Bein an, bis sich der Fuß direkt neben dem rechten Knie befindet.
3. Stützen Sie sich mit der linken Hand hinter dem Körper auf dem Boden ab.
4. Fassen Sie mit der rechten Hand das rechte Bein unterhalb des Knies. Drücken Sie sich mit dem Ellenbogen dieses Arms vom linken Knie ab, und drehen Sie den Rumpf sanft nach links.
5. Führen Sie die Drehung noch weiter nach links.

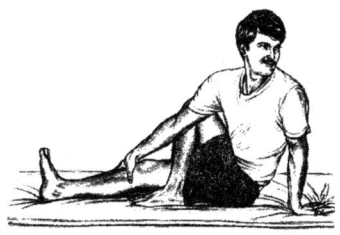

6. Halten Sie diese Position einige Sekunden lang. Kehren Sie dann langsam in die Ausgangsstellung zurück.
7. Wiederholen Sie die Übung mit dem anderen Bein.

## 9. Vorwärtsbeuge im Stehen

Diese Übung stärkt Leber, Magen, Milz und Nieren. Sie ist gut für die Wirbelsäule und wirkt beruhigend und entspannend auf den Geist.

1. Stellen Sie sich aufrecht mit leicht gespreizten Beinen
   hin. Die Füße stehen mit einer Hüftbreite Zwischen-
   raum parallel zueinander, das Gewicht ruht gleichmäßig auf beiden Füßen.
2. Beugen Sie den Rumpf so tief, wie Sie es ohne Anstrengung schaffen, und versuchen Sie, mit den Händen die Füße zu erreichen. Strecken Sie die Arme und
   führen Sie die Stirn an die Knie oder doch möglichst
   weit an die Knie heran. Der Bauch wird bei dieser
   Übung selbsttätig eingezogen.

**10. Die wache Ruhelage**

Diese wohltuende Stellung vertreibt die Müdigkeit und
erfrischt Körper und Geist.

1. Nehmen Sie die Rückenlage ein. Lassen Sie die Arme
   mit den Handflächen nach oben locker neben sich ruhen.

2. Entspannen Sie den ganzen Körper. Schließen Sie die Augen. Lassen Sie Ihre Empfindungen zwanglos zu den einzelnen Körperregionen wandern.

3. Verweilen Sie mindestens eine Minute in dieser Ruhelage. Atmen Sie leicht und natürlich weiter.

## ATEMÜBUNGEN

Für die Produktion von physiologischer Energie ist der Atem mindestens genau so wichtig wie die Verdauung, denn die Energie entsteht erst dann, wenn die Nahrung in eine chemische Reaktion mit Sauerstoff gebracht wird. Wie gut oder wie schlecht wir atmen hat deshalb einen großen Einfluß darauf, ob wir uns energiegeladen fühlen oder nicht. Ausgeglichenes und entspanntes Atmen fördert die Vitalität des gesamten Organismus. Durch eine flache und unausgeglichene Atmung dagegen wird dem Körper ein Teil seiner Lebensenergie vorenthalten.

Im Ayurveda spielt die Beziehung zwischen Atmung und Vitalität eine große Rolle. Das ayurvedische Wort *prana* bedeutet soviel wie »Lebensatem«. Es gibt ein ganzes ayurvedisches Wissensgebiet mit der Bezeichnung »Pranayam«, das sich speziell damit befaßt, wie man zu einer ausgeglichenen Atmung kommen kann. Das ähnliche, aus der Yoga-Tradition stammende Wort »Pranayama« hat eine noch speziellere Bedeutung und ist die Bezeichnung für die Atemübungen, mit deren Hilfe man sich gutes und wirkungsvolles Atmen aneignen kann.

Ich möchte nun eine Pranayama-Technik vorstellen, die leicht durchgeführt werden kann, lediglich zehn Minuten beansprucht und außerdem eine hochgradig belebende Wirkung hat. Dabei atmet man abwechselnd zuerst durch das eine, dann durch das andere Nasenloch. Bei dieser Atemübung sollte man etwas tiefer und etwas langsamer atmen, als man es sonst im Zustand der Ruhe tut. Das ist am Anfang manchmal etwas ungewohnt. Sie sollten deshalb die folgende Anleitung sorgfältig durchlesen:

1. Setzen Sie sich entspannt und bequem hin. Halten Sie die Wirbelsäule so gerade wie möglich.
2. Schließen Sie die Augen. Lassen Sie die linke Hand auf dem linken Oberschenkel ruhen. Für den ersten Teil der Übung benützen Sie Daumen, Mittel- und Ring-finger der rechten Hand.
3. Halten Sie das rechte Nasenloch mit dem Daumen zu. Nun wird langsam und ungezwungen durch das linke Nasenloch eingeatmet und anschließend wieder ruhig ausgeatmet.
4. Jetzt ist das linke Nasenloch an der Reihe. Verschließen Sie mit Mittel- und Ringfinger das linke Nasenloch, und atmen Sie langsam durch das nun freigewordene rechte Nasenloch ein und anschließend wieder aus.
5. Machen Sie fünf Minuten lang diese Wechselatmung zwischen rechts und links. Ihr Atem wird vielleicht et-was tiefer und langsamer gehen als sonst, sollte aber auf alle Fälle natürlich und zwanglos fließen.
6. Bleiben Sie anschließend zum Ausklang der Übung noch ein paar Minuten lang still sitzen, während Sie normal und ungezwungen weiteratmen.

Diese Atemübung bewirkt eine ausgeglichene Sauerstoff-versorgung der rechten und der linken Gehirnhälfte und damit auch den Ausgleich zwischen Körper und Geist. Die moderne Physiologie hat gezeigt, daß den beiden Hälften des Gehirns sehr unterschiedliche Funktionen zukommen: Die linke Hälfte ist für das logische Denken und die sprachliche und mathematische Vorstellungswelt zuständig, während die rechte Hälfte die schöpferischen und intuitiven Funktionen beherbergt, wie das räumliche Orientierungsvermögen und das schöpferische Denken. Durch die wechselweise Reizung der Schleimhäute, mit denen die Atemwege ausgekleidet sind, werden pulsierende Nervenimpulse an die beiden Gehirnhälften ausgelöst. Das trägt dazu bei, die jeweiligen Funktionen der Gehirnhälften aufeinander abzustimmen und es fördert die Ausgeglichenheit des Nervensystems. Letztlich wird der ganze Organismus aufgerüttelt und belebt, geistige und körperliche Energie werden in vermehrtem Umfang freigesetzt.

Man sollte die Techniken und Übungen, die in diesem Kapitel vorgestellt worden sind, in einer bestimmten Reihenfolge absolvieren. Die Yoga-Übungen bilden den Anfang, anschließend kommt die Atemübung mit dem Wechselatmen. Die Atemmeditation schließt die Übungen ab. Auf diese Weise entsteht ein Fortschreiten von der gröberen stofflichen Ebene (dem Körper) zu einer feineren Ebene (dem Atem) bis zur feinsten (dem Geist). Wer nicht genügend Zeit für das gesamte Übungsprogramm hat, kann es natürlich auch bei einer einzigen Übung bewenden lassen. Dann sollte man nach Möglichkeit die Atemmeditation wählen, weil das die wertvollste Übung ist.

## DIE AYURVEDISCHE ÖLMASSAGE

Die tägliche Ölmassage ist traditioneller Bestandteil der ayurvedischen Lebensführung. Diese Massage dauert zwischen fünf und zehn Minuten. Sie sollte am Morgen vor dem Duschen oder Baden durchgeführt werden, um den ganzen Organismus zu reinigen und zu harmonisieren.

Diese Massage kann zur Not auch in zwei bis drei Minuten erledigt werden.

Die ayurvedische Ölmassage wirkt im gesamten Organismus ausgleichend auf das Vata-Dosha. Weil Vata leicht, kalt und trocken ist, kann eine Massage mit warmem Öl beruhigend und besänftigend wirken. Das sollte nicht unterschätzt werden, denn unter Streß gerät Vata leicht aus dem Gleichgewicht, und die chronische Müdigkeit läßt dann nicht lange auf sich warten. Außerdem wird der Kreislauf angeregt und die Ausscheidung von Verunreinigungen aus dem Körper unterstützt.

Im folgenden finden Sie die Anweisungen, wie man eine ayurvedische Ölmassage durchführt und außerdem die Anleitung zum Aufbereiten des Sesamöls, das nach der Lehre des Ayurveda eine einzigartig ausgleichende und belebende Wirkung hat. Ein kurzzeitiges Erhitzen des Öls erhöht seinen Energiegehalt, macht es dünnflüssiger, und das Öl kann leichter in den Körper eindringen. Bitte halten Sie sich genau an die Anweisungen.

1. Nehmen Sie kaltgepreßtes Sesamöl, wie es zum Beispiel im Bioladen erhältlich ist. Empfehlenswert ist es, »aufbereitetes« Öl zu verwenden (die Anleitung zum Aufbereiten folgt weiter unten). Das Öl kann man gut in eine kleine, dicht verschließbare Plastikflasche abfüllen. Zur täglichen Anwendung sollte es angewärmt wer-

den, zum Beispiel indem man es im Waschbecken in warmes Wasser legt.

2. Massieren Sie den Körper nicht nur mit den Fingerspitzen, sondern mit der flachen Hand. Als Faustregel gilt: An abgerundeten Körperpartien (Kopf, Gelenke) wird kreisförmig massiert, an gestreckten Partien (Nacken, Gliedmaßen) mit geraden Streichbewegungen. Man massiert mit mäßigem Druck, außer in der Bauchregion und über dem Herzen. Hier genügt leichter Druck.

3. Beginnen Sie die Massage am Kopf. Geben Sie ein paar Tropfen Öl auf die Hand und massieren Sie es energisch in die Kopfhaut ein. Massieren Sie dann mit kreisförmigen Massagebewegungen den ganzen Kopf. Verwenden Sie für die Kopfmassage mindestens ebenso viel Zeit wie für die Massage des restlichen Körpers.

4. Gehen Sie jetzt zu Gesicht und Ohren über. Hier wird nur mit sanften Bewegungen massiert. Geben Sie bei jedem Wechsel des Massagefeldes ein paar Tropfen frisches Öl auf die Hand.

5. Massieren Sie dann die Kehle, den Nacken und die Halswirbelsäule. Es ist sinnvoll, den Körper jetzt schon dünn mit Öl einzureiben, damit es möglichst lange in die Haut einziehen kann.

6. Anschließend werden die Arme massiert: Mit energischer Kreismassage an den Gelenken (Schultern, Ellenbogen) und zügigen Auf- und Abbewegungen an Ober- und Unterarmen.

7. Jetzt sind Brust und Bauchpartie an der Reihe. Bauch und Herz werden mit zarten Kreisbewegungen massiert. Beginnen Sie in der rechten unteren Leistengegend, und lassen Sie die Massage in einem Kreisbogen über die Magengegend in der linken unteren Leistengegend auslaufen.

8. Massieren Sie anschließend den Rücken und die Wirbelsäule – soweit Sie jene Partien gut erreichen können. Machen Sie sich keine Gedanken, wenn Sie an bestimmte Rückenpartien nicht herankommen können.

9. Es folgt eine energische Massage der Beine, mit kräftigen Kreisbewegungen um die Hüften, Knie und Fußknöchel und zügigen auf- und abstreichenden Bewegungen über die Oberschenkel und Waden.

10. Zum Schluß werden die Fußsohlen massiert. Wie beim Kopf kann man sich auch bei dieser wichtigen Körperzone etwas mehr Zeit nehmen. Massieren Sie die Fußsohlen kräftig mit den Handflächen.

11. Gönnen Sie sich nach der Massage ein heißes Bad oder eine heiße Dusche. Benutzen Sie nur milde Seifen.


## DIE AUFBEREITUNG VON SESAMÖL
## FÜR DIE AYURVEDISCHE ÖLMASSAGE

Im Ayurveda wird empfohlen, naturbelassenes und kaltgepreßtes Sesamöl zu verwenden, wie man es zum Beispiel im Bioladen bekommen kann. Vor der Verwendung sollte das Öl jedoch nach der folgenden einfachen Anleitung aufbereitet werden, weil es dann besser in die Haut eindringen kann.

1. Erhitzen Sie das Öl auf die Siedetemperatur von Wasser (100 °C). Wenn man vor dem Erhitzen ein paar Tropfen Wasser ins Öl gegeben hat, kann man leicht feststellen, wann diese Temperatur erreicht ist. Sobald die Wassertropfen knistern und zischen, kann das Öl vom Feuer genommen werden.

Man kann auch nach dem Augenschein vorgehen. Sobald das Öl zu wallen beginnt, wird es vom Feuer genommen.

2. Sie können bis zu einem Liter Öl auf einmal aufbereiten. Diese Menge dürfte für mindestens zwei Wochen
reichen.

3. VORSICHT: Öl ist leicht entflammbar und man muß
deshalb entsprechende Sicherheitsvorkehrungen treffen. Erhitzen Sie das Öl auf *kleiner* Flamme, und *ver-
lassen Sie auf keinen Fall den Raum*, während es auf
dem Herd steht. Sobald die richtige Temperatur erreicht ist, muß der Topf mit dem Öl sofort vom Herd
genommen werden. Sorgen Sie dafür, daß das Öl an einem sicheren Ort (außerhalb der Reichweite von Kindern!) abkühlen kann.

Die Massage wird am besten jeden Tag vorgenommen. Da
die Ölmassage vielen Leuten anfangs nicht leicht fällt,
möchte ich in diesem Fall empfehlen, sie zunächst nur an
zwei Tagen der Woche durchzuführen.

Vermutlich wird es Ihnen mit der Massage aber ge-
nauso gehen, wie mit den andern Techniken zur Belebung von Körper und Geist: Sie werden sich an den
Tagen, die mit Massage begonnen haben, so viel besser
fühlen, daß Sie ganz von selbst die Massage immer öfter
vornehmen werden, bis Sie plötzlich beim täglichen
Rhythmus angekommen sind.

Notieren Sie jetzt das folgende primäre Energieprinzip, in dem sämtliche Informationen dieses Kapitels noch
einmal zusammengefaßt werden:

*PEP 16: Um die Müdigkeit abzubauen, muß dem Streß
durch Ruhe und Erholung ein Gegengewicht gesetzt werden. Die dafür geeigneten Mittel sind Atemmeditation,*

*Yoga- und andere Atemübungen, sowie die ayurvedische Ölmassage.*

Nachdem wir nun ausgiebig die äußerst wichtige Beziehung zwischen Energie und Geist betrachtet haben, werden wir uns in Kapitel 6 damit beschäftigen, wie unser Kräftereservoir durch körperliche Betätigung vergrößert oder auch aufgezehrt werden kann.

# 6 ENERGIE UND DIE RHYTHMEN DER NATUR

Der Mensch ist Bestandteil der Natur, und wir werden von der Energie der Natur durchströmt. Wenn wir uns als geschickte Partner des uns umgebenden Universums erweisen, eröffnen wir uns den Zutritt zu dieser unerschöpflichen Vorratskammer von Vitalität und Kraft.

Die enge Beziehung, die zwischen der Natur und jedem einzelnen besteht, wird auf dramatische Weise offenbar, wenn man die Rhythmen der Natur studiert. Die ayurvedische Lehre hat schon vor Tausenden von Jahren erkannt, daß die Abläufe in der Natur zyklischen Charakter haben, und daß diese Zyklen mit Nachdruck in den Organismus eines jeden Individuums hineinwirken.

In jüngerer Zeit hat die moderne medizinische Forschung viele der Zyklen beschrieben, die sich beim Menschen auf körperlicher und geistiger Ebene bemerkbar machen. Wir sind in der Tat mit einer ganzen Reihe von verschiedenen biologischen Uhren ausgestattet, und jede von ihnen regelt eine bestimmte Körperfunktion nach der Vorgabe eines bestimmten natürlichen zyklischen Zeitablaufs.

Der wichtigste von diesen inneren Schrittmachern ist der sogenannte »zirkadianische Rhythmus«. Hierbei handelt es sich um einen Vierundzwanzig-Stunden-Zyklus, der auf viele wichtige Abläufe im Körper regelnd einwirkt. Dazu gehören die Aufrechterhaltung der Körpertemperatur, die Produktion von Hormonen und anderen

Botenstoffen, aber auch Funktionen des Nervensystems, wie das Wachwerden und das Einschlafen. Zwischen dem zirkadianischen Rhythmus und der chronischen Müdigkeit gibt es eine ganze Reihe von Beziehungen.

Das Nebennierenhormon Adrenalin ist beispielsweise ein sehr wirksamer Stoff zur Bekämpfung von Streßsymptomen. Das Steigen und Fallen des Adrenalinspiegels im Körper richtet sich nach einem genau definierten Vierundzwanzig-Stunden-Muster. Der Adrenalinspiegel im Blut erreicht gegen sieben Uhr morgens seinen Höchstwert. Am Spätnachmittag und frühen Abend – wenn man sich unter natürlichen Vorzeichen zur Ruhe begeben würde – erreicht er einen Tiefstwert und bleibt auch während der ganzen Nacht auf niedrigem Niveau.

Der Zyklus der Körpertemperatur hat einen etwas anderen Verlauf. Die Temperatur steigt während der Tagesstunden kontinuierlich leicht an, um am Spätnachmittag und frühen Abend ihr Maximum zu erreichen. Dann fällt sie allmählich wieder ab und einige Stunden nach Mitternacht durchläuft sie ihren tiefsten Punkt.

Darüber hinaus gibt es auch noch monatliche und jahreszeitliche biologische Zyklen, wie zum Beispiel den Menstruationszyklus der Frau. Es gibt sogar Zyklen, die mit dem Gezeitenrhythmus des Meeres zusammenfallen. Kurz gesagt: Die Gesetze, denen sich unser körperliches und seelisches Auf und Ab unterordnet, sind prinzipiell und untrennbar mit den großen Rhythmen unserer Erde und sogar unseres gesamten Kosmos verwoben. Sie sind in ihrer Gesamtheit ein Ausdruck des gleichen einheitlichen Intelligenzfeldes.

Die Quintessenz der biologischen Rhythmen lautet: Es kommt alles auf den richtigen Zeitpunkt an. Es gibt Augenblicke, die für bestimmte Vorhaben günstig sind, ein andermal kann man in der gleichen Sache überhaupt nichts erreichen. Im Hinblick auf die chronische Müdigkeit heißt das, daß bestimmte Tätigkeiten sich zu bestimmten Tageszeiten vorteilhaft auf die Körperenergie und das innere Gleichgewicht auswirken, während sie zu einem anderen Zeitpunkt das genaue Gegenteil bewirken können.

*PEP 17: Biologisch betrachtet kommt alles auf den richtigen Zeitpunkt an. Bestimmte Tätigkeiten wirken sich zu bestimmten Tageszeiten vorteilhaft auf den Energiezustand und das innere Gleichgewicht aus, aber zu einem anderen Zeitpunkt können sie alles aus dem Gleichgewicht werfen und Müdigkeit hervorrufen.*

Nachdem die Bedeutung der biologischen Rhythmen von der medizinischen Wissenschaft erkannt worden war, hatte sich ein völlig neuer Forschungszweig gebildet, die sogenannte Chronobiologie. Experimente, die auf diesem Gebiet durchgeführt wurden, haben bestätigt, wie groß bei Aktivitäten und Belastungen der Einfluß des richtigen Zeitpunkts auf die jeweiligen Ergebnisse ist. Es wurden beispielsweise Untersuchungen gemacht, bei denen man Mäuse sehr starken Strahlungen ausgesetzt hat. Hier zeigte sich, daß die Überlebensrate der Mäuse entscheidend davon abhing, zu welcher Tageszeit ihnen die Strahlung verabreicht wurde. Die Bedeutung, die solche Experimente für viele medizinische Untersuchungs- und Heilmethoden haben, ist gewaltig – man denke nur an Röntgenuntersuchungen und an die Chemotherapie bei Krebserkrankungen.

Die biologischen Rhythmen ähneln einer Wellenbewegung, der wir ständig unterworfen sind. Man muß versuchen, wie ein geschickter Wellenreiter für alle Tätigkeiten den richtigen Augenblick abzupassen, um sich dann auf dem Kamm der Welle davontragen zu lassen. Das verleiht Energie und macht Spaß. Wenn Sie sich durch die Mißachtung der natürlichen Rhythmen gegen die Wellenbewegung stellen, gleichen Sie einem Wellenreiter, der sich im falschen Moment aufrichten will. Dieser Mann wird unvermeidlich »baden gehen« – und Ihnen und Ihrem Energiehaushalt wird Ähnliches widerfahren.

## DIE TÄGLICHEN ENERGIEZYKLEN

Schon vor sehr langer Zeit hat sich in der ayurvedischen Lehre eine Vorstellung vom idealen Tagesablauf entwickelt, bei der die verschiedenen Phasen des täglichen Vierundzwanzig-Stunden-Zyklus berücksichtigt werden. Wie der Leser zu Recht vermutet, werden diese Phasen des Tagesablaufs in die Begriffe Vata, Pitta und Kapha gefaßt. Der wechselnde Einfluß der drei Doshas bestimmt nachhaltig, wie man sich fühlt und wie man mit seinen Aufgaben zurechtkommt.

Wie man aus der Zeichnung ersehen kann, dominiert von 6 Uhr morgens bis zur Mitte des Vormittags der Kapha-Einfluß. Anschließend dominiert Pitta bis in den frühen Nachmittag – Sie werden sich erinnern, daß das Verdauungsfeuer während dieser Zeit am hellsten lodert. Ein dominierender Vata-Einfluß von 14 Uhr bis zum Sonnenuntergang schließt diesen ersten Zyklus ab. Anschließend beginnt ein zweiter Zyklus, der ähnlich abläuft wie der erste.

Der vierundzwanzigstündige Tagesablauf ist also in zwei Hälften unterteilt – den Tag und die Nacht –, und jede Hälfte besteht aus den drei Phasen der einzelnen Doshas. Jede Hälfte beginnt mit einer Kapha-Phase, dann kommen Pitta und zuletzt Vata.

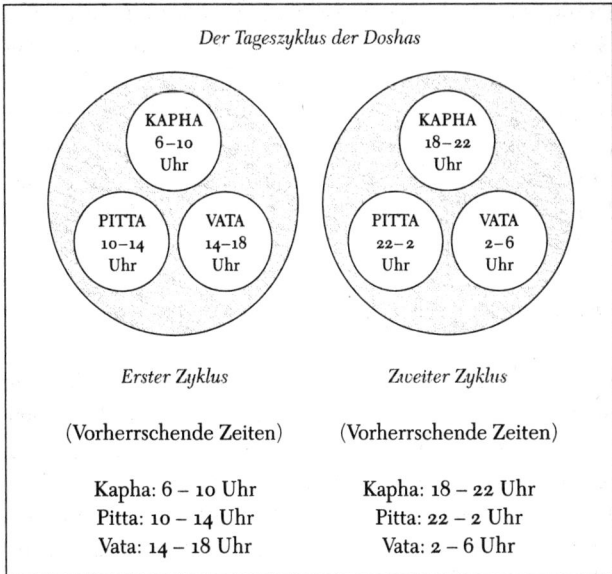

Der Tageszyklus der Doshas

KAPHA
6–10
Uhr

PITTA
10–14
Uhr

VATA
14–18
Uhr

KAPHA
18–22
Uhr

PITTA
22–2
Uhr

VATA
2–6
Uhr

Erster Zyklus

(Vorherrschende Zeiten)

Kapha: 6 – 10 Uhr
Pitta: 10 – 14 Uhr
Vata: 14 – 18 Uhr

Zweiter Zyklus

(Vorherrschende Zeiten)

Kapha: 18 – 22 Uhr
Pitta: 22 – 2 Uhr
Vata: 2 – 6 Uhr

In einer natürlichen Umgebung treten die Dosha-Perioden offen zutage. Wenn am Abend das Tagwerk getan ist und die Sonne langsam untergeht, bekommt man das Gefühl, daß die ganze Natur sich zur Ruhe begeben möchte. Unwillkürlich will man sich gemütlich hinsetzen und ausspannen, während langsam die Nacht heraufzieht.

Wer in einer Großstadt lebt, wird sich beim Blick auf den niemals endenden Betrieb natürlich fragen, wo diese Ruhe hingekommen ist. Diese Betriebsamkeit der Städte stammt nicht aus der Natur selbst. Sie ist ein Produkt unseres modernen Lebens, das uns leider nur allzuoft mit der Natur in Konflikt geraten läßt. Wenn Sie sich jedoch dem von der Natur vorgegebenen Kapha-Einfluß überlassen, der um diese Tageszeit vorherrscht, dann werden Sie merken, wie Sie sich wohlig entspannt, schwer und schläfrig fühlen.

Die Nahtstelle der abendlichen Kapha- und Pitta-Perioden um 22 Uhr ist in der Tat der ideale Zeitpunkt, um schlafen zu gehen. Wer sich deutlich später schlafen legt – also nach 23 Uhr etwa – der kommt nicht in den Genuß jener erholsamen Nachtruhe, die man am besten am Ende des Kapha-Zyklus antritt. Später begonnener Schlaf ist weniger tief und mit typischen Elementen des ruhelosen Pitta durchsetzt. Wenn der Schlafzyklus grundsätzlichen natürlichen Rhythmen zuwiderläuft, ist chronische Müdigkeit die notwendige Folge.

Man sollte die Wichtigkeit eines naturgemäßen Schlafzyklus nicht unterschätzen. Wer seine Schlafgewohnheiten ins Gleichgewicht gebracht hat, kann sich eine beachtliche Quelle der Energie erschließen.

## DER RHYTHMUS VON WACHEN UND SCHLAFEN

An der Nahtstelle zwischen der abendlichen Kapha- und Pitta-Phase zu Bett zu gehen ist eine der Grundbedingungen für einen ausgeglichenen Tagesablauf. Nicht weniger wichtig ist es, daß man morgens mit dem Ende der Vata-Periode aufsteht, also am Übergang von Vata zu Kapha. Das ist bei Sonnenaufgang, ungefähr um 6 Uhr. Wenn man um diese Zeit aufsteht, stehen Körper und Geist noch unter dem Einfluß der Vata-Eigenschaften, wie Leichtigkeit, Flinkheit, Wachheit, Begeisterungsfähigkeit und Heiterkeit. Es gibt keinen besseren Zeitpunkt, um den Tag zu beginnen. Wenn man diesen von der Natur vorgegebenen Moment zum Aufstehen verstreichen läßt und in die morgendliche Kapha-Phase hineinschläft, ist man beim Aufwachen mit Kapha-Eigenschaften wie Schwere, Stumpfheit und Trägheit belastet. Bei solchen Schlafgewohnheiten macht sich die Schwerfälligkeit im gesamten Organismus breit. Die Systeme des Körpers, die Energie erzeugen sollen, werden alle nur noch gebremst arbeiten können.

Man sollte also früh zu Bett gehen und auch wieder früh aufstehen. Für den Fall, daß Ihnen dieser Preis für die Überwindung der chronischen Müdigkeit zu hoch erscheint, möchte ich Ihnen ein paar praktische Tips geben.

Erstens sollten Sie sich klar machen, daß die Zeit des Aufwachens natürlich davon abhängt, wann man zu Bett gegangen ist. Früh aufzustehen wird sehr viel einfacher, wenn man am Vorabend vor 22 Uhr ins Bett gegangen ist. Das frühe Zubettgehen und vor allem das Einschlafen gelingt wiederum nur, wenn man den Abend mit Dingen verbracht hat, die die Entspannung fördern. Wir haben bereits gesehen, daß wir nach dem Willen der Natur am Abend von der Anstrengung des Tages auf eine ruhigere Gangart umschalten sollten. Das Abendessen sollte eine relativ leichte Mahlzeit sein, die relativ früh, idealerweise um 18 Uhr und spätestens um 19 Uhr, stattfindet, weil dann die Verdauung gegen 22 Uhr abgeschlossen ist. Da die Verdauung den Stoffwechsel auf Touren bringt, wird der Schlaf oft dadurch gestört.

Nach dem Abendessen könnten Sie vielleicht ein bißchen lesen, sich Ihrer Familie widmen oder mit Freunden unterhalten – also Dinge tun, die nicht anstrengend sind. Fernsehen ist weniger empfehlenswert, weil die Fernsehbilder durch die Art ihrer Erzeugung für das Nervensystem von vornherein einen starken Reiz darstellen – auch wenn das Programm als solches nicht besonders aufregend ist. Wem das allabendliche Fersehen zur lieben Gewohnheit geworden ist, die man nicht missen möchte, sollte auf jeden Fall versuchen, sich ab 20.30 Uhr oder 21 Uhr nicht mehr vor den Apparat zu setzen. Auf diese Weise kann sich das Nervensystem in der Stunde

vor dem Zubettgehen wieder beruhigen. Auch wenn man
am Abend noch konzentriert arbeiten muß, sollte man um
21 Uhr aufhören.

Das frühe Zubettgehen wird Ihnen vielleicht etwas
leichter fallen, wenn Sie unmittelbar vorher etwas zur Beruhigung des Vata-Doshas trinken. Ein Glas warme Milch
mit vata-beruhigenden Gewürzen, etwa eine reichliche
Prise Kardamom und etwas Safran, ergibt einen ausge-
zeichneten Schlaftrunk. Muskat ist ein anderes leicht er-
hältliches Gewürz, das statt Kardamom verwendet werden kann. Wer Milch schlecht verdauen kann, sollte nicht
vergessen, ein oder zwei Prisen frisch gestoßenen Ingwer
mitzukochen.

Das Schlafzimmer sollte ausschließlich dem Schlafen vor-
behalten sein, in diesem Raum sollte man auf gar keinen
Fall fernsehen oder arbeiten. Eine ruhige, entspannende
und zweckentsprechende Ausstattung des Schlafzimmers
wirkt beruhigend auf die Nerven.

Falls Sie um 22 Uhr zu Bett gegangen sind und merken,
daß Sie nicht einschlafen können, sollten Sie nicht der Ver-
suchung nachgeben, aufzustehen und so lange zu lesen,
bis Ihnen die Augen zu fallen. Damit wird das Vata-Dosha
noch mehr angeregt und der Gleichklang mit der Natur
noch mehr gestört. Sie sollten vielmehr einfach mit geschlossenen Augen liegenbleiben und eine »unbeküm-
merte Haltung« einnehmen, wie ich es genannt habe. Das
bedeutet: Anerkennen, daß das Einschlafen nicht dem eigenen Willen unterliegt, sondern es vielmehr ganz und gar
als ein Geschenk der Natur betrachten. Jeder Versuch,
sich bewußt zum Einschlafen zu zwingen, bewirkt nur das
genaue Gegenteil. Biologische Prozesse wie das Einschlafen vollziehen sich nach dem Motto »Je weniger Gedan-

ken, desto besser«. Das erwünschte Resultat rückt mit zunehmender Anstrengung in immer weitere Ferne. Drehen Sie also den Wecker so, daß Sie das Zifferblatt nicht sehen können, und denken Sie nicht unentwegt daran, daß Sie eigentlich schlafen wollen. Ihr Körper bekommt schon seine Ruhe.

Langjährige Gewohnheiten und eine verstellte biologische Uhr können das Einschlafen ziemlich erschweren. Trotzdem ist es besser, zu Beginn der Nacht bei gelöschtem Licht im Bett zu liegen, als aufzubleiben und herumzuwursteln. Sie werden sich anfangs vielleicht nicht besonders wohlfühlen, aber wenn Sie das frühe Zubettgehen durchhalten, wird es Ihnen beim Aufwachen bald sehr viel besser gehen – und Ihre chronische Müdigkeit wird beständig abnehmen, je mehr Sie sich daran gewöhnt haben, während der abendlichen Kapha-Periode schlafen zu gehen.

Wenn Sie zum Ende der Vata-Periode, ungefähr um sechs Uhr wach werden wollen, werden Sie zumindest anfänglich, ohne einen Wecker wohl kaum auskommen. Lassen Sie sich aber nicht von einem Wecker wecken, der Sie mit einem brutalen Schrillen aus den Träumen reißt. Ich möchte empfehlen, einen Radiowecker zu verwenden, der auf einen Sender mit klassischer Musik eingestellt ist. Stellen Sie die Weckzeit auf 6 Uhr oder früher ein, auf keinen Fall aber auf später als 7 Uhr. Wenn der Wecker geht, sollten Sie immer und auf jeden Fall aufstehen, gleichgültig wie viel oder wie wenig Sie geschlafen haben oder wie müde Sie sich noch fühlen. Erledigen Sie Ihr Tagwerk wie gewöhnlich. Wie wir aus Untersuchungen wissen, wirkt sich Schlafmangel auf die meisten Arbeitsabläufe praktisch überhaupt nicht negativ aus. Wenn Sie dann am Abend ordentlich müde sind, werden Sie von ganz allein früh zu Bett gehen wollen.

Um Ihre biologische Uhr wieder mit den Rhythmen der Natur in Gleichklang zu bringen, sollten Sie sich sorgfältig an die Regel halten, früh aufzustehen und früh zu Bett zu gehen. Auch an Wochenenden, Feiertagen und im Urlaub sollte man davon nicht abgehen, weil starke Schwankungen des Schlafverhaltens, auch wenn sie nur vereinzelt vorkommen, die biologischen Rhythmen durcheinander bringen können.

## EMPFEHLUNGEN FÜR ERHOLSAMEREN SCHLAF

Im Einklang mit den Rhythmen der Natur zu schlafen, bringt nicht nur einen besseren Erholungseffekt, es führt auch dazu, daß sich etwas einstellt, was ich »freudvollen Schlaf« nennen möchte. Freudvoller Schlaf ist das Ergebnis einer Lebensführung, die sich nach den Vorgaben der Natur richtet. Er ist eine tiefgreifende Erfrischung und ein Jungbrunnen für den ganzen Menschen. Sämtliche Funktionen, die Energie erzeugen, werden dadurch gestärkt. Ein solcher Schlaf ist eines unserer besten Mittel, um die chronische Müdigkeit zu vertreiben.

Versuchen Sie die folgenden Empfehlungen in die Tat umzusetzen, damit Ihr Körper in den Genuß von tiefem und erholsamem Schlaf kommt:

1. Bemühen Sie sich, gegen 22 Uhr zu Bett zu gehen und etwa um 6 Uhr wieder aufzustehen.
2. Nehmen Sie abends nur eine leichte Mahlzeit zu sich – möglichst schon um 18 Uhr, jedoch spätestens um 19 Uhr – damit die Nahrung vollständig verdaut ist, wenn Sie zu Bett gehen.
3. Erledigen Sie abends keine konzentrierten Arbeiten

mehr. Sehen Sie zu, daß mit konzentrierten Tätigkeiten um 21 Uhr Schluß ist.

4. Gestalten Sie Ihren Feierabend entspannend. Verleben Sie den Abend im Familienkreis oder mit Freunden. Fernsehen überreizt das Nervensystem und sollte gemieden werden.

5. Trinken Sie vor dem Zubettgehen ein Glas warme Milch. Wenn Sie es mögen, können Sie die Milch mit Kardamom, Muskat, oder Safran würzen. Das beruhigt das Vata-Dosha.

6. Im Schlafzimmer sollten Sie weder arbeiten noch lesen oder fernsehen. Dieser Raum sollte ausschließlich als Schlafraum dienen.

7. Üben Sie sich in der oben beschriebenen »unbekümmerten Haltung«, falls Sie nicht sofort einschlafen können. Stehen Sie nicht wieder auf. Auch wenn Sie nicht schlafen, holt sich Ihr Körper die Ruheeinheiten, die er braucht.

8. Falls die Zeitpunkte, an denen Sie aufstehen und zu Bett gehen, sich extrem vom natürlichen Rhythmus entfernt haben, sollten Sie Ihren Wecker jeden Tag ein bißchen früher klingeln lassen. Lassen Sie sich alle zwei bis drei Tage zehn Minuten bis eine Viertelstunde früher wecken. Sie werden dann auch nach und nach abends entsprechend früher schläfrig werden.

## DIE AUSSCHEIDUNGSFUNKTIONEN

Wir haben gesehen, welche entscheidende Rolle der richtige Zeitpunkt bei fundamentalen Vorgängen wie Verdauung und Schlaf im Körper spielt. Wir müssen uns noch mit einer anderen grundlegenden biologischen Funktion beschäftigen, nämlich mit der Ausscheidung. Es ist ja keine Frage, daß bei Millionen Menschen der Stuhlgang gestört ist, und wieder einmal ist die Ursache ein gestörtes Zusammenspiel von Körper und Geist. Genauer gesagt: Unregelmäßiger Stuhlgang resultiert vor allem aus der störenden Einwirkung von Streß auf die Magen-Darm-Funktionen.

Der beste Zeitpunkt für den Stuhlgang ist morgens direkt nach dem Aufstehen. So erhält der Körper die Gelegenheit, sich von den Verunreinigungen des Vortages zu befreien, und der neue Tag kann mit einem gereinigten Organismus begonnen werden.

Selbst wenn Sie auf diesem Gebiet schon lange Schwierigkeiten hatten, können Sie Ihrem Körper die Regelmäßigkeit wieder anerziehen. Dabei kommt es vor allem darauf an, daß Sie sich für den Gang zur Toilette ausreichend Zeit nehmen, damit sich der Stuhlgang zwanglos einstellen kann. Trinken Sie nach dem Aufstehen ein oder zwei Glas warmes Wasser und gehen Sie dann zur Toilette. Bleiben Sie dort entspannt fünf bis zehn Minuten sitzen, bis der Stuhlgang von allein einsetzt. Nebenbei bemerkt, sollte man während dieser Zeit nicht lesen. Lesen zieht die Aufmerksamkeit nach oben und nach außen, während man sie nach innen und nach unten richten sollte.

Vielleicht hat es nach zehn Minuten immer noch nicht geklappt – dann stehen Sie eben wieder auf und wenden sich Ihrem Tagwerk zu. Aber wenn Sie jeden Tag mit dieser Prozedur beginnen lassen – einfach so zu tun, als müßten Sie zur Toilette, ohne sich aufzuregen, wenn es nicht klappt –, dann wird es nicht lange dauern, bis Ihr Körper den natürlichen Rhythmus wieder übernommen hat. Die Reinigungsmechanismen Ihres Organismus werden sich immer enger an den Rhythmus der Natur anlehnen, und Sie werden den Zuwachs von neuer Energie und Klarheit spüren.

Wenn Sie trotzdem weiterhin mit Verstopfung oder sonstigen Störungen der Ausscheidungsfunktion zu kämpfen haben, möchte ich Ihnen ein weiteres Büchlein dieser Ratgeberreihe empfehlen, das den Titel trägt »Die natürliche Verdauung«.

## KÖRPERLICHES FITNESSTRAINING FÜR DIE DOSHAS

Dies ist das letzte tragende Element einer nach ayurvedischen Gesichtspunkten gestalteten Lebensweise. In einem klassischen ayurvedischen Text findet sich folgende Stelle: »Körperliche Ertüchtigung verleiht Leichtigkeit, Kraft zum Arbeiten, Entschlossenheit und Unverzagtheit; die inneren Verunreinigungen gehen zurück und Verdauung und Stoffwechsel werden gestärkt.« Mit anderen Worten: Körpertraining erzeugt Energie. Aber das obige Zitat hat noch einen Nachsatz, der mindestens genau so wichtig ist: »Ertüchtigung soll stets in Maßen betrieben werden.«

Die derzeitige Beliebtheit von anstrengendem Kraftsport und anderen schwierigen Sportarten ist einer der Gründe, weshalb Millionen von Menschen so wenig geneigt sind, mit einer gewissen Regelmäßigkeit Ausgleichssport zu betreiben. Vehementes Körpertraining, das bei einem bestimmten Konstitutionstyp angebracht sein mag, kann für Menschen mit einer anderen Konstitution die unangenehmsten Folgen haben, was dann häufig dazu führt, daß sich diese Leute körperlich überhaupt nicht mehr betätigen. Das ist sehr bedauerlich, denn ein gewisses Maß an körperlicher Betätigung, zugeschnitten auf den jeweiligen Konstitutionstyp, gehört zum Besten, das wir für unsere Energie tun können.

Für den Vata-Typ ist ein leichtes Trainingsprogramm zweifellos am besten geeignet. Anstrengungen jeglicher Art sind für Vata unzuträglich, da es seinem Wesen nach leicht und luftig ist. Extrem anstrengende Übungen bringen lediglich das Vata aus dem Gleichgewicht und lassen noch mehr Müdigkeit und Schlaffheit entstehen. Viel besser geeignet sind leichte Betätigungen wie ein flotter Spaziergang und ähnliches, also etwa geruhsames Schwimmen oder Radfahren. Gehen Sie möglichst jeden Tag fünfzehn bis zwanzig Minuten mit lockerem, aber zügigem Schritt spazieren. Mit der Verbesserung der Kondition können Sie dann das Tempo nach und nach beschleunigen. Außer Spazierengehen und Ähnlichem sind die im Kapitel fünf vorgestellten Yoga-Übungen für den Vata-Typ hervorragend geeignet.

Beim Pitta-Typ erreichen Ausdauer und Stehvermögen bessere Werte und entsprechen dem Durchschnitt. Für diesen Typ sind mäßig anstrengende Sportarten daher durchaus geeignet. Übungen mit einer kontinuierlichen Belastung von fünfzehn bis zwanzig Minuten Dauer sind für ihn am zuträglichsten, wobei die jeweilige Gangart etwas forscher gewählt werden kann als beim Vata-Typ. Ein strammer Spaziergang, Radfahren, leichtes oder mittelschweres Gewichtheben, Skilanglauf und Schwimmen sind hier zu nennen. Pitta-Typen haben Spaß an Sportarten mit Wettkampfcharakter, weil diese ihrem dynamischen und wetteifernden Naturell entsprechen. Das ist auch in Ordnung, nur sollte der Wettkampf nicht so weit getrieben werden, daß die aggressive Seite des Pitta-Typs zum Durchbruch kommt. Bei Sportarten wie Tennis oder Basketball kommt es mehr auf schnellen Antritt und weniger auf eine gleichmäßige Dauerleistung an. Der physiologische Trainingseffekt ist daher geringer als bei den Sportarten mit Dauerbelastung.

Menschen vom Kapha-Typ, die zu Fülle und Schwerfälligkeit neigen, sind die einzigen, denen schwere und anstrengende Sportarten wirklich bekommen. Wenn ein solcher Ausgleich fehlt, werden sie schnell körperlich schlaff und geistig träge. Menschen vom Kapha-Typ fällt es meist recht schwer, sich zu irgend einer sportlichen Betätigung aufzuschwingen. Aber wer die richtige Sportart gewählt hat, fühlt sich bald um so viel besser, daß die Begeisterung für die Sache nicht lange auf sich warten läßt. Zu den Übungen, die für Kapha geeignet sind, gehören Jogging, leistungsorientiertes Radfahren, Schwimmen, Skilanglauf, schweres Gewichtheben und Aerobic. Für Kaphas mit ihrem stärkeren Bewegungsbedarf sind Geräte für das Heimtraining sehr zu empfehlen, damit bei Ihnen das Übungsprogramm im Winter nicht abreißt.

Für sämtliche Konstitutionstypen ist die morgendliche Kapha-Periode die beste Zeit für das Training. Auf diese Weise wird die Kapha-Schwere aufgelockert und ein dynamischer Tagesanfang erzielt. Wenn am Morgen kein Training möglich ist, kann man es auch an einem anderen Zeitpunkt, aber unbedingt nur während der Tagesstunden, nachholen. Nach Sonnenuntergang ist körperliches Training nicht mehr enpfehlenswert, weil dann die anregende Wirkung mit dem natürlichen Abklingen der Körperaktivität vor der Nachtruhe in Konflikt gerät.

## WELCHER SPORT FÜR WELCHES DOSHA?

### Vata

Leichte Übungen und ein mäßiges Tempo bei fünfzehn- bis zwanzigminütiger Übungsdauer sind für den Vatatyp am besten geeignet. Empfehlenswert sind Spazierengehen, Schwimmen, Yoga-Übungen und gemächliches Radfahren.

## Pitta

Hier sind mäßig anstrengende Übungen bei etwas flotterem Tempo günstig, die den Körper fünfzehn bis zwanzig Minuten auf Trab halten. Zu empfehlen sind flottes Spazierengehen, maßvoller Skilanglauf, Schwimmen, Radfahren, Hantelsport, Federball/Badminton, Tennis und ähnliches.

## Kapha

Ein intensives Trainingsprogramm von fünfzehn bis dreißig Minuten mit kraftzehrenden Übungen ist am besten geeignet. Empfehlenswert sind Jogging, leistungsorientiertes Radfahren, Skilanglauf, Aerobic, Spazierengehen und Gewichtheben.

### Ayurvedische Verhaltensregeln für einen gesunden Ausgleichssport

Begrenzen Sie die Belastung auf fünfzig Prozent Ihrer Leistungsfähigkeit. Wenn Sie zum Beispiel beim Joggen zehn Kilometer schaffen können, dann laufen Sie nur fünf, oder wenn Sie äußerstenfalls zwölf Bahnen schwimmen können, dann belassen Sie es bei sechs. Sport soll die Energie und das Wohlbefinden steigern, nicht den Streß und die Ermüdung. Bei regelmäßigem Training werden sich Ihre Kondition und ihre Belastbarkeit ohnehin verbessern.

Absolvieren Sie Ihr Übungsprogramm ohne Ausnahme an jedem Tag der Woche.

Überanstrengen Sie sich nicht. Wenn Sie keuchend durch den Mund atmen müssen, oder wenn Ihnen der Schweiß ausbricht, sollten Sie für die Folgezeit das Programm etwas reduzieren, um es dann langsam wieder zu steigern. Denken Sie daran: Das Motto lautet »Je weniger, desto besser«, und nicht etwa »Ohne Fleiß kein Preis«.

Der geeignetste Zeitraum für Körpertraining ist die morgendliche Kapha-Periode von sechs bis zehn Uhr. Wer meditiert, kann diese Übungen gut im Anschluß daran machen. Da Yoga-Übungen und der im Folgenden beschriebene Sonnengruß hervorragend dazu geeignet sind, innere Ruhe eintreten zu lassen, ist es allerdings ratsam, diese Übungen vor dem Meditieren zu machen.

## DER SONNENGRUSS

Der Ayurveda kennt eine Körperübung, die sämtlichen Konstitutionstypen empfohlen werden kann und die zugleich eine außerordentlich kraftspendende Wirkung auf den Organismus hat. Auf Sanskrit heißt sie *surya namaskara*, im Deutschen kennen wir sie unter der Bezeichnung »der Sonnengruß«. Man macht diese Übung traditionellerweise am frühen Morgen mit dem Gesicht zur aufgehenden Sonne.

Der Sonnengruß besteht aus zwölf Übungen, die im Abstand von etwa fünf Sekunden aufeinander folgen. Übungen und Atmung sind aufeinander abgestimmt.

Wer mit diesen Dehn- und Streckübungen nicht zurechtkommt, sollte am besten vorerst nur die im Kapitel 5 beschriebenen Yoga-Übungen machen. Nach einigen Wochen kann man dann zum etwas anstrengenderen Sonnengruß übergehen. Wer aus Altersgründen oder wegen eines Muskel- oder Knochenleidens bei dieser Übung Schwierigkeiten befürchtet, befragt am besten zuerst seinen Arzt.

Hier die Anleitung zum Sonnengruß:

1. Wenn Sie diese Übung machen, sollte die letzte Mahlzeit drei Stunden zurückliegen. Warten Sie anschließend mit der nächsten Mahlzeit noch eine halbe Stunde. Wer auch noch andere Meditations- und/oder Yoga-Übungen macht, kann den Sonnengruß voranstellen.
2. Ein Durchgang des Sonnengrußes besteht aus zwölf Übungen, die weiter unten im einzelnen beschrieben werden. Machen Sie anfangs nur so viele Übungen, wie Sie mühelos bewältigen können. Steigern Sie die Anzahl allmählich auf zwölf. Sie sollten sich dabei nicht anstrengen müssen. Wenn Sie aus der Puste geraten oder ins Schwitzen kommen, sollten Sie sich einen Moment lang hinlegen und ausruhen.
3. Verweilen Sie bei jeder Übung etwa fünf Sekunden in der angegebenen Position. Einzige Ausnahme ist die Acht-Punkte-Stellung (Nummer sechs). Sie wird nur eine Sekunde lang gehalten.
4. Bei den Stellungen des Sonnengrußes wird in einem bestimmten Rhythmus aus- und eingeatmet. Das Einatmen erfolgt, wenn man den Körper streckt, da es die Dehn- und Streckbewegungen der Wirbelsäule unterstützt. Beim Beugen wird wieder ausgeatmet, damit sich der Körper abknicken, krümmen und zusammenfalten kann.
5. Die Reiterstellung kommt bei jedem Durchgang zweimal vor. Nehmen Sie dabei jedesmal das gleiche Knie

nach vorne. Beim nächsten Durchgang ist dann das andere Knie an der Reihe. Man sollte stets eine gerade Anzahl von Durchgängen machen, damit beide Körperhälften gleichmäßig belastet und trainiert werden.

6. Spulen Sie die Übungen nicht hastig herunter. Sie entfalten ihren größten Nutzen, wenn man sie langsam ausführt. Ein Durchgang dauert ohnehin nur zwei Minuten.

7. Strecken Sie sich nach dem letzten Durchgang zwei Minuten auf dem Rücken liegend aus. Die Arme liegen neben dem Körper, die Handflächen weisen nach oben. Richten Sie die Konzentration zwanglos auf Ihr Körpergefühl.

8. Achten Sie darauf, daß Sie sich nicht überdehnen. Die Illustrationen zeigen die einzelnen Stellungen in der Idealform. Man soll sich aber nur so weit dehnen und strecken, wie der Körper willig mitmacht. Die Geschmeidigkeit kommt mit der Zeit. Die Stellungen einzunehmen sollte auf keinen Fall schmerzhaft oder unangenehm sein. Falls Ihnen eine Stellung schon im Ansatz unangenehm ist, sollten Sie diese Übung auslassen. Bei Rückenproblemen sollte man seinen Arzt befragen, bevor man diese Übungen macht.

*Die einzelnen Übungen des Sonnengrußes*

**1. Die Grußstellung**

Die Füße werden parallel nebeneinander gestellt und das Gewicht wird gleichmäßig darauf verteilt. Legen Sie die Hände wie zum Gebet vor der Brust gegeneinander und atmen Sie fünf Sekunden lang ruhig weiter.

**2. Armheben**

Gleichzeitig mit dem Einatmen werden Arme und Hände unter leichter Dehnung der Wirbelsäule nach oben und über den Kopf hinweg leicht nach hinten ausgestreckt.

## 3. Rumpfbeuge

Beim Ausatmen beugt sich der Körper vornüber und wird in die Rumpfbeuge gebracht. Die Knie müssen nicht durchgedrückt bleiben.

## 4. Die Reiterstellung

Das linke Bein wird beim Einatmen nach hinten ausgestreckt. Das rechte Knie wird solange gebeugt, bis das
ausgestreckte linke Bein mit dem Knie auf dem Boden
aufkommt. Der rechte Fuß bleibt mit der Sohle flach auf
dem Boden. Der Kopf wird aus dem Nacken nach vorne
ausgestreckt.

## 5. Die Bergstellung

Man atmet aus und streckt das rechte Bein nach hinten
durch, bis es sich parallel neben dem linken Bein befindet. Das Gesäß wird dabei in die Höhe gedrückt und bildet nun die Spitze eines umgekehrten V, das von Armen
und Oberkörper und von den Beinen gebildet wird.

### 6. Die Acht-Punkte-Stellung

Beugen Sie jetzt langsam die Knie, bis sie den Boden berühren. Der Körper wird nun abgesenkt, bis Brustbein und Kinn ebenfalls den Boden berühren. Diese Stellung wird eine Sekunde lang gehalten, bevor der Übergang in die nächste Stellung erfolgt.

### 7. Die Kobrastellung

Man atmet ein und hebt aus den Armen den Oberkörper an, bis die Arme gestreckt sind. Die Ellbogen bleiben eng am Körper, der Kopf hebt sich, während die Wirbelsäule gestreckt wird. Die Streckung soll nicht mit dem Kopf eingeleitet werden, vielmehr soll sich der Hals aus der Streckung der Wirbelsäule nach oben abrollen.

### 8. Die Bergstellung

Unter Ausatmen wird das Gesäß wieder nach oben gedrückt, bis der Körper die unter Punkt fünf beschriebene
V-Stellung einnimmt.

### 9. Reiterstellung

Man atmet ein und nimmt den rechten Fuß so weit nach
vorne, daß er wieder zwischen den Händen aufgesetzt
werden kann (siehe Position 4). Das linke Bein bleibt
nach hinten ausgestreckt, das linke Knie berührt den Boden. Das rechte Knie ist abgewinkelt, und der rechte Fuß
steht mit der Sohle fest auf dem Boden.

## 10. Rumpfbeuge

Man wiederholt jetzt die Position 3. Unter Ausatmen beugt man den Körper vorneüber, bis die volle Rumpfbeuge erreicht ist. Die Knie müssen nicht unbedingt durchgedrückt bleiben.

## 11. Armheben

Im Einatmen wird Position 2 wiederholt. Strecken Sie Arme und Hände nach oben über den Kopf leicht nach hinten aus und dehnen Sie dabei die Wirbelsäule.

## 12. Die Grußstellung

Man wiederholt zum Abschluß die erste Stellung. Der Sonnengruß endet in der gleichen Weise, wie er begonnen hat. Die Hände sind vor der Brust gefaltet. Atmen Sie fünf Sekunden ruhig und gleichmäßig weiter. Dann kann mit dem nächsten Durchgang begonnen werden, wobei diese Stellung als erste Stellung des neuen Durchgangs zählt. Es folgt die Position 2.

# 7 CHRONISCHE MÜDIGKEIT UND DIE WELT, IN DER WIR LEBEN

Unsere Umwelt ist eine Widerspiegelung des kollektiven Bewußtseins der Bevölkerung – so lautet ein Grundsatz der ayurvedischen Philosophie. In den letzten 150 bis 200 Jahren herrschte in unserer Gesellschaft jedoch die Ansicht, daß die Welt des Menschen mit der Natur nichts zu tun habe, ja, ihr sogar überlegen sei. Der Mensch sah seine Aufgabe darin, die Natur für sein eigenes materielles Wohl zu bändigen und auszubeuten. Wie wir inzwischen erfahren mußten, hat dieses Denken eine Wissenschaft und eine industrielle Technologie hervorgebracht, die das natürliche Gleichgewicht auf vielerlei Weise bedrohen – durch Raubbau an den Schätzen der Natur, durch die Verschmutzung von Luft und Wasser und vor allem dadurch, daß eine globale Umweltkatastrophe in den Bereich des Möglichen gerückt ist.

Glücklicherweise zeichnet sich ein Umschwung ab. Es ist in das gesellschaftliche Bewußtsein gedrungen, daß unser individuelles Schicksal und das Schicksal unserer Welt entscheidend davon abhängen, ob es gelingt, in unserer natürlichen Umwelt das Gleichgewicht wiederherzustellen. Aber auch, wenn wir inzwischen Grund zur Hoffnung haben, so dürfen wir doch nicht über die immer noch vorhandenen negativen Umwelteinflüsse hinwegsehen, und wir müssen uns damit beschäftigen, inwiefern sie eine Bedrohung unserer Gesundheit und unseres Energiehaushalts darstellen.

Wenn Sie an chronischer Müdigkeit leiden, ohne daß sich dafür eine hinreichende körperliche Ursache finden läßt, dann sollte zumindest die Möglichkeit geprüft werden, ob Ihre Energielosigkeit vielleicht durch Umwelteinflüsse verursacht sein könnte. Das folgende primäre Energieprinzip sagt aus, daß zwischen dem einzelnen Menschen und seiner Umgebung eine wichtige Wechselbeziehung besteht. Bitte notieren Sie sich:

*PEP 18: Eine ausgeglichene Umwelt fördert die Ausgeglichenheit des einzelnen Menschen. Gestörtes Gleichgewicht der Umwelt kann auch das Gleichgewicht des einzelnen Menschen stören.*

Bevor wir uns mit diesen Fragen näher beschäftigen, möchte ich jedoch zu einer gewissen Vorsicht raten. Die Besorgnis über Gefährdungen aus der Umwelt kann überhandnehmen und zur fixen Idee werden. Eine übertriebene Besorgnis über Gefahren, die vom Trinkwasser, von der Atemluft, der Nahrung, von elektromagnetischen Feldern und noch vielem anderen mehr ausgehen, kann selbst zu einer unnatürlichen und ungesunden Belastung werden. Eine solche alles beherrschende Angst vermag den Organismus stärker aus dem Gleichgewicht bringen als die schlimmste Umweltkatastrophe. Dies sollten wir uns vor Augen halten, damit wir uns jetzt wirklichkeitsnah mit einigen Umwelteinflüssen beschäftigen können, die als mögliche Ursachen für chronische Müdigkeit in Frage kommen.

## LUFTVERSCHMUTZUNG

Prana ist das ayurvedische Wort für Luft, aber die Bedeutung des Wortes umfaßt noch mehr. Es bezeichnet auch die Lebenskraft, den lebensspendenden Atem und sogar das Leben selbst.

Der Sauerstoff, den wir mit der Atemluft aufnehmen, ist an der Umwandlung der Nahrung in Lebensenergie ganz grundlegend beteiligt. Es liegt also auf der Hand, daß der Qualität unserer Atemluft eine ganz entscheidende Bedeutung zukommt.

Das wichtigste diesbezügliche ayurvedische Prinzip verlangt, daß man jeden Tag an die frische Luft geht. Es ist geradezu unglaublich, wie wenig frische Luft manche Menschen in ihrem normalen Tagesablauf bekommen. Auf die Vitalität kann sich dies verheerend auswirken. Viele Leute arbeiten in einer hermetisch abgeschlossenen Umgebung, deren Luftversorgung von unsichtbaren Lüftern und Klimaanlagen geregelt wird. Diese Apparaturen können unmöglich die Frischluft ersetzen, die früher durch das geöffnete Fenster hereinströmen konnte. Besonders im Winter kann es bei vielen Menschen Tage, wenn nicht Wochen dauern, bis sie wieder einmal richtig an die frische Luft kommen.

Glücklicherweise ist es sehr einfach, in einer solchen Situation Abhilfe zu schaffen. Jeden Tag bieten sich zahllose Gelegenheiten, um sich an der frischen Luft zu bewegen – auch im Winter. Steigen Sie beispielsweise einfach schon ein bis zwei Haltestellen vor Ihrem Ziel aus dem Bus oder der Bahn aus oder parken Sie Ihr Auto ein paar Straßenecken von Ihrer Wohnung oder Ihrem Arbeitsplatz entfernt. Ich möchte Ihnen empfehlen, sich täglich ein bis zweimal je zehn oder fünfzehn Minuten lang an der frischen Luft zu bewegen. Sie werden sofort bemerken, wie Ihre Vitalität zunimmt und Ihr Wohlbefinden steigt.

Auch die Innenräume können besser mit Frischluft versorgt werden. Lassen Sie in der warmen Jahreszeit das Fenster so viel wie möglich offen stehen und lüften Sie im Winter mindestens zweimal am Tag zehn bis fünfzehn Minuten lang gut durch. Falls Sie in einem klimatisierten Beton- und Glasgebäude arbeiten, wird das nicht möglich sein. In diesem Fall ist es besonders wichtig, daß Sie während des Tages – vielleicht in der Mittagspause – einen kleinen Spaziergang an der frischen Luft machen.

In den letzten Jahren ist in den meisten dichtbesiedelten Gebieten die Luft besser geworden, und man kann nur hoffen, daß diese Entwicklung anhält. Wenn Sie mit starker chronischer Müdigkeit zu kämpfen haben und in einer Gegend wohnen, die für hohe Luftverschmutzung bekannt ist, sollten Sie sich über den Zusammenhang zwischen Ihrem Zustand und der Verschmutzung Gedanken machen und einen Umzug in eine weniger verschmutzte Gegend erwägen.

## BELASTETES TRINKWASSER

Die wenigsten Menschen wissen, welche Stoffe Ihr Trinkwasser enthält. Schlechte Trinkwasserqualität gilt zwar als ein Problem, mit dem vor allem die großen Städte zu kämpfen haben, aber durch Giftstoffe, die aus Pestiziden stammen, ist die Situation in vielen ländlichen Gebieten durchaus vergleichbar oder teilweise sogar noch schlechter. Wenn Sie Fragen zur Wasserqualität an Ihrem Wohnort haben, können Sie sich bei Ihrem örtlichen Versorgungsunternehmen erkundigen und entsprechende Analysen zusenden lassen.

Es gibt zwei einfache Dinge, die man im Zweifelsfall zur Hebung der Wasserqualität selbst tun kann. Als erstes kann man ein gutes Wasserfiltersystem installieren, das nach dem Prinzip der umgekehrten Osmose arbeitet. Diese Geräte heißen Osmose-Umkehrfilter. Die zweite Möglichkeit ist, zum Kochen und Trinken ausschließlich aus natürlichen Quellen abgefülltes Wasser zu verwenden. Wer sich dazu entschließt, sollte sich zuvor die Analyse dieses Quellwassers ansehen. Manche Quellen sind leider keineswegs besonders rein, da inzwischen auch die natürlichen Quellen unter dem Zufluß von belastenden Stoffen zu leiden haben.

In Deutschland sind in Gegenden mit besonders hoch belastetem Trinkwasser die Versorgungsunternehmen verpflichtet, für Kleinkinder osmose-umkehrgefiltertes Quellwasser zur Verfügung zu stellen, das über die Apotheken zu beziehen ist.

## BELASTETE NAHRUNG

Weiter oben war die Rede davon, wie wichtig die kraftspendende Wirkung von frischen Lebensmitteln ist. Neben der Frische spielt es natürlich auch eine große Rolle, daß die Nahrungsmittel möglicht wenig belastet sind. Obst und Gemüse müssen aber vor dem Verzehr gründlich gewaschen werden. Man sollte auch die Mehrausgaben für Produkte aus biologischem Anbau nicht scheuen. Auch bei Fleisch ist den Produkten aus ökologischer Viehhaltung der Vorzug zu geben, wobei man allerdings wissen muß, daß sich Umweltgifte unabhängig von der Art der Tierhaltung im tierischen Organismus ganz besonders anreichern. Dies gilt auch für bestimmte größere Fischarten wie etwa den Thunfisch. Eine weitere Gefährdung stellt die Hormonbehandlung von Schlachttieren zur Vergrößerung der Fleischausbeute dar. Wenn man all diese Tatsachen berücksichtigt, dürfte es sehr vernünftig sein, den Verzehr von Fleisch und Fisch stark einzuschränken.

## KUNSTSTOFFE UND KÜNSTLICHE MATERIALIEN

Wir kommen täglich mit unzähligen Materialien unserer Umwelt in Kontakt. Aus ayurvedischer Sicht ist der Kontakt mit natürlichen Materialien dem Kontakt mit künstlich hergestellten Stoffen unbedingt vorzuziehen. Biologisch betrachtet ist das absolut richtig, denn der menschliche Organismus hat sich in seiner hunderttausendjährigen Entwicklung auf den Kontakt mit natürlichen Materialien eingestellt. Diese Tatsache sollte bei der Errichtung und Einrichtung von Wohnungen und Arbeitsplätzen berücksichtigt werden. Denken Sie bei der Auswahl Ihrer Kleidung daran, daß bei Wolle und Baumwolle die Haut besser atmen kann als bei Kunstfasern. Auch das Bettzeug und die Schlafbekleidung sollten aus chemisch möglichst unbehandelten Naturfasern bestehen.

## ELEKTROSMOG

In jüngster Zeit haben sich die Medien mit der möglichen Krebsgefährdung durch Funktelefone, Hochspannungstransformatoren, Mikrowellensender, Computer und andere starke Quellen von elektromagnetischer Strahlung befaßt. Die bisher vorliegenden Forschungsergebnisse lassen noch keine eindeutigen Schlüsse zu, und ich denke, man sollte sich nicht zu übertriebenen Befürch-

tungen hinreißen lassen. Ich halte es jedoch durchaus
nicht für ausgeschlossen, daß eine Dauerbelastung durch
elektromagnetische Kraftfelder den Organismus schwä-
chen und gesundheitlichen Problemen den Weg ebnen
kann. Wer sich also dauernd oder sehr häufig im Wir-
kungsbereich von elektromagnetischen Feldern aufhält,
der muß die Möglichkeit in Betracht ziehen, daß darin
eine Ursache für chronische Müdigkeit liegen kann.

Bei Computern dürfte es empfehlenswert sein, zum
Bildschirm stets eine Armlänge Abstand zu wahren – wobei man wissen muß, daß nach vorne, also durch den Bildschirm selbst, weitaus weniger Strahlung austritt, als an
den Seiten, nach oben und nach hinten. Ich möchte Ihnen empfehlen, sich durch entsprechende Lektüre einen
Überblick über das Problem zu verschaffen, damit Sie
selbst einschätzen können, ob und bis zu welchem Grad
Sie in dieser Hinsicht gefährdet sind.

Ich möchte diesen Abschnitt über Gefährdungen aus
der Umwelt nicht abschließen, ohne auf einen positiven
Aspekt hingewiesen zu haben. Die Anpassungsfähigkeit
und Selbstheilungskraft des menschlichen Organismus ist
schlichtweg gewaltig – und dafür gibt es genügend Beispiele. Das Immunsystem ist zum Beispiel in der Lage,
fast jeden erdenklichen Erreger oder biologischen Ein-
dringling zu erkennen und zu vernichten, selbst dann,
wenn es mit diesem speziellen Erreger bisher noch nie
konfrontiert war. Dieses erstaunliche Maß von Flexibilität
und Abwehrkraft zeichnet auch das Entgiftungssystem
unseres Körpers aus. Sie brauchen nur den Selbstheil-
lungsmechanismen Ihres Körpers Ihre Aufmerksamkeit
zu widmen, und die meisten zerstörerischen Einflüsse
werden an Ihnen abprallen. Auch wenn Sie von Umwelt-
giften aller Art umgeben sind – Ihr Organismus wird wei-
testgehend damit fertig werden.

Trotzdem aber sollten Sie Ihre Umwelt darauf abklopfen, ob irgendwo vielleicht irgend etwas wirklich nicht in Ordnung ist. Dann sollten Sie die negativen Einflüsse durch entsprechende Schritte ausschalten, um die Durchschlagskraft Ihrer körpereigenen Abwehr nicht unnötig zu belasten.

## »GLEICHGEWICHT« UND DIE SINNE

Die Einwirkungen unserer Umwelt auf den Organismus hängt nicht nur von dem ab, was »da draußen« ist, sondern auch davon, wie wir es wahrnehmen und damit umgehen. Unsere fünf Sinne – hören, fühlen, sehen, schmecken und riechen – sind die fünf Königswege, auf denen wir uns unserer Umwelt und ihren Einflüssen nähern.

Wenn diese Sinne gesund sind und ausgewogen arbeiten, filtern Sie ganz von selbst eine Vielfalt von möglicherweise schädlichen Einflüssen aus. Gleichzeitig weisen sie uns den Weg, auf dem wir uns Nahrung und Energie verschaffen können.

Die ausgeglichene Leistungsfähigkeit unserer Sinne ist letztlich von der Ausgeglichenheit der Wahrnehmung und des Bewußtseins abhängig. Eine alte ayurvedische Regel gibt Kunde von dieser Wahrheit: »Die Welt ist so, wie wir sie sehen.« Bitte notieren Sie sich diesen Satz als unser nächstes primäres Energieprinzip:

*PEP 19: Die Welt ist so, wie wir sie sehen – unser Erleben der Welt hängt davon ab, wie wir sie wahrnehmen.*

Lassen Sie mich die Sache an einem kleinen Beispiel illustrieren. Es ist ein heiterer und sonniger Tag – aber wenn man eine Sonnenbrille mit besonders dunklen Gläsern trägt, sieht alles trübe und grau aus. Wenn man sich jetzt eine rosarote Brille auf die Nase setzt, sieht natürlich plötzlich alles rosig aus – aber erst, wenn man überhaupt keine Brille trägt, zeigt sich der Tag in seiner wahren Schönheit. Unsere Erfahrung der Welt wird von der Qualität unserer Wahrnehmung mindestens so sehr, wenn nicht gar stärker bestimmt, wie von den objektiven Eigenschaften des Wahrgenommenen. Wer von Ausgeglichenheit, Kreativität und innerer Zufriedenheit erfüllt ist, wird auch um sich herum allenthalben auf diese Eigenschaften treffen.

Werfen wir nun einen näheren Blick auf die fünf Sinne, denn deren ausgeglichenes Funktionieren kann Ihnen eine völlig neue innere Quelle der Energie erschließen, die zu nutzen Ihnen bisher vielleicht noch nicht möglich war.

Man sollte auf keinen Fall die Tatsache unterschätzen, daß die Sinne nicht nur Informationen aufnehmen, sondern auch Informationen abgeben. Sie stellen einerseits die Kanäle dar, durch die Reize von draußen nach drinnen gelangen. Mit den fünf Sinnen kann man Reizwahrnehmungen in ganz ähnlicher Weise aufnehmen und »verdauen«, wie dies beim Aufnehmen und Verdauen der Nahrung geschieht.

Das Aufnehmen und Einordnen von Informationen bedingt eine beträchtliche Gehirntätigkeit – und löst somit auch den vielfältigen Strom von hochwirksamen Botenstoffen aller Art aus, der durch den ganzen Körper zieht. Daher kommt es darauf an, daß unsere Sinneseindrücke aufbauend und energiespendend sind und nicht vergiftend und energieverzehrend.

Ihre fünf Sinne sind aber gleichzeitig die Kanäle, durch die Ihr Bewußtsein und Ihr persönliches Selbstempfinden in die Welt hinauswirken. Die moderne Psychologie geht an dieser Tatsache oft vorbei, aber in traditionellen Gesundheitslehren wie dem Ayurveda spielt dies eine große Rolle.

Den inneren Bewußtseinszustand nach außen zu bringen, kann eine kreative Leistung werden, die allen zur Freude gereicht, es kann aber auch ein Vorgang werden, bei dem all Ihre Vitalität in einem unergründlichen Loch versickert. Ob das eine oder das andere geschieht, hängt nach ayurvedischem Verständnis davon ab, ob und inwieweit Sie sich von dem Gegenstand vereinnahmen lassen, mit dem sich Ihre Wahrnehmung beschäftigt. Wenn Sie Ihr Selbstbild und Ihr Selbstwertgefühl von dem Objekt Ihrer Aufmerksamkeit beziehen, dann ist Ihre Wahrnehmung vom Objekt bestimmt und deshalb fremdbestimmt. Sie lassen es dann an selbstbestimmter Wahrnehmung des Objekts fehlen.

Im letzten Kapitel werden wir auf diese bedeutsamen Vorstellungen und ebenso auf die Rolle der Sinne als Projektoren unseres Bewußtseins näher eingehen.

Jetzt werden wir uns noch damit beschäftigen, wie der Strom der Informationen über unsere fünf Sinne in unser Bewußtsein gelangt und uns Gedanken darüber machen, was man selbst tun kann, damit dieses Einströmen zu einem ausgeglichenen und aufbauenden Vorgang wird.

Bevor wir uns mit den fünf Sinnen im einzelnen beschäftigen, möchte ich Sie bitten, sich das nächste primäre Energieprinzip zu notieren:

*PEP 20: Die fünf Sinne sind die Königswege zu unserem Körper-Geist-System. Wenn man sich bevorzugt harmonischen und ausgeglichenen Sinneseindrücken zuwendet, haben Glück und Energie eine bessere Chance, sich in uns zu entfalten.*

## DAS GEHÖR

Der Ausdruck »Lärmbelästigung« ist schon vor mehreren Jahrzehnten aufgekommen. Das Wort ist die Bezeichnung für eine moderne Zeiterscheinung: Die Allgegenwart von lauten und unangenehmen Geräuschen sowie die ständige Musikberieselung, denen viele Menschen unentrinnbar ausgesetzt sind – mit entsprechend schädlicher Wirkung. Physiologisch betrachtet ist Lärmbelästigung eine Überbelastung des akustischen Wahrnehmungsapparates. Sie stellt eine überhöhte Reizzufuhr dar, die das Nervensystem in einen Alarmzustand versetzt. Wenn dieser Zustand länger als nur einen Moment anhält, löst er einen Fluchtreflex aus, dem man sich nur mit hohem nervlichen Aufwand widersetzen kann. Bei längerem Verweilen in einer lärmverseuchten Umgebung läßt deshalb die chronische Müdigkeit nicht lange auf sich warten.

Lärm ist eine jener Umweltbelastungen, denen man nur schwer entgehen kann, besonders dann, wenn man in einer verkehrsreichen Zone lebt und arbeitet. Mit etwas Einfallsreichtum können Sie jedoch die Lärmbelastung reduzieren und sich ein ruhigeres und harmonischeres Umfeld schaffen. Man sollte als erstes den Schlafplatz und den Arbeitsplatz in den ruhigsten Bereich der Wohnung beziehungsweise des Bürogebäudes verlegen. Außerdem kann man den Lärmpegel senken, indem man für Vorhänge und Inneneinrichtungen geräuschdämpfende Materialien verwendet. Wenn Sie ein bißchen experimentieren, werden Sie schnell eine geeignete Lösung finden. Falls man auf die Geräusche, denen man sich aussetzen muß, selbst Einfluß nehmen kann, sollte man ganz bewußt dafür sorgen, daß sie eine möglichst angenehme und beruhigende Klangfarbe bekommen.

Von lauter und schriller Musik rate ich unbedingt ab,

aber desto dringender möchte ich Ihnen empfehlen, sich die wohltuende Wirkung zugute kommen zu lassen, die beruhigende musikalische Klänge auf Körper und Geist ausüben können. Wie wir aus entsprechenden Untersuchungen wissen, rufen bestimmte Harmonien und Instrumentalklänge ganz bestimmte physiologische Wirkungen hervor. Da sich die menschliche Physiologie im Laufe des Tages mit dem zyklischen Ablauf von Vata, Pitta und Kapha ebenfalls verändert, kann Musik mit jeweils entsprechenden klanglichen Eigenschaften dazu beitragen, den reibungslosen Ablauf der biologischen Rhythmen und die Ausgeglichenheit auf allen Ebenen von Körper und Geist zu unterstützen. In diesem Fall kann Ihr Gehör zum Wohltäter Ihres ganzen Organismus werden.

Zu bestimmten Zeiten des Tages fällt dem Klang und der Musik eine besonders wichtige Rolle zu. Beruhigende Musik, die Sie sich zur Schlafenszeit anhören, kann Sie auf ganz natürliche Weise in einen Zustand der Ruhe und der heiteren Gelassenheit versetzen.

Ein Zweig der ayurvedischen Lehre, der als *gandharva veda* bezeichnet wird, widmet sich der Frage, wie physiologische Ausgeglichenheit durch Klangerlebnisse herbeigeführt werden kann. Tonband-Kassetten mit Gandharva Veda Musik sind über die am Ende dieses Buches angegebenen Bezugsquellen erhältlich. Lassen Sie diese Kassetten leise im Hintergrund laufen, während Sie bei gelöschtem Licht im Bett liegen.


DER TASTSINN

Schon im Abschnitt über Yoga-Übungen war von Marmas die Rede – jenen Körperpunkten, die wie Schaltstellen die Verteilung des Energiestroms auf die verschiedenen

Körperregionen kontrollieren. Viele dieser Punkte liegen direkt auf der Hautoberfläche. Die Marmatherapien sind ein Teilgebiet des Ayurveda. Sie befassen sich mit der Harmonisierung der Körperregionen und -funktionen, die durch die Punkte angeregt werden. Es gibt eine Marmatherapie, die jeder selbst zu Hause durchführen kann und die Ihnen sogar schon bekannt ist, nämlich die ayurvedische Ölmassage aus Kapitel 5. Durch die Stimulierung aller Marmapunkte auf der Haut fördert diese Massage die Ausgeglichenheit von Vata in Ihrem gesamten Organismus.

Neben den über die Körperoberfläche verteilten Marmapunkten liegen weitere Punkte auf der Kopfhaut, an den Ohren und auf den Fußsohlen. Ich möchte deshalb empfehlen, daß Sie sich diesen Regionen bei der Massage etwas länger und intensiver widmen. Es gibt noch drei weitere Marmapunkte, denen Sie besondere Beachtung schenken sollten, da diese das Zentrum von Vata, Pitta und Kapha darstellen. Einer dieser Punkte liegt auf der Stirn, der nächste etwa in Höhe des Herzens am unteren Ende des Brustbeins, und der letzte befindet sich etwa fünf Zentimeter unterhalb des Nabels. Massieren Sie diese Punkte unter leichtem Druck mit großen kreisförmigen Bewegungen, wobei traditionellerweise eine Kreismassage im Uhrzeigersinn empfohlen wird.

Eine sorgfältige Beachtung der Marmapunkte bei der täglichen Ölmassage leistet wertvolle Hilfestellung, wenn man die Energieströme des Körpers wiederbeleben und harmonisch aufeinander abstimmen will.

## DER GESICHTSSINN

Keiner unserer Sinne versorgt uns mit soviel Wahrnehmungsinhalten wie der Gesichtssinn. Dieser Sinn wird auch am schnellsten durch ein Überangebot von Informationen »übersteuert«. Ein müdes Gefühl um die Augen, Kopfschmerzen und ein Zucken der Augenmuskulatur sind Anzeichen einer solchen Reizüberflutung, die sich sehr kräftezehrend auswirken kann. Was man in diesem Fall zur Abhilfe empfehlen kann, liegt meist auf der Hand. Ähnlich wie vor der weiter oben erwähnten Lärmüberlastung des Gehörs sollte man sich auch vor einer Reizüberflutung der Augen hüten. Bei den meisten Menschen kommt es zur optischen Reizüberflutung in übermäßigem Film- und Fernsehkonsum, zumal die Unterhaltungsbranche häufig ganz bewußt mit dem Effekt der optischen Reizüberflutung arbeitet. Hier kann eine ganz entscheidende Ursache für das Absacken des Energiezustandes liegen.

Versuchen Sie einmal ein paar Abende ohne Fernsehen auszukommen, und überprüfen Sie mit Ihrem Energieprotokoll, wie gut oder schlecht Sie sich in den darauffolgenden Tagen fühlen. Viele Leute stellen dann fest, daß sie ruhiger, ausgeglichener und weniger nervös sind, und das macht sich auch darin bemerkbar, daß Sie sich den ganzen Tag über energiegeladener fühlen. Wenn jemand gelegentlich fernsieht oder ins Kino geht, ist dagegen nichts einzuwenden, aber wo sich eine Abhängigkeit von diesen Medien gebildet hat, muß man damit rechnen, daß der Energiehaushalt darunter leidet.

## DER GESCHMACKSSINN

Bei der Erörterung der Ernährungsfragen haben wir darüber gesprochen, daß es entscheidend ist, daß sämtliche
Geschmacksrichtungen täglich in unserem Essen zum
Zuge kommen. Das ist nicht nur gut für die Verdauung
und die Ausgeglichenheit, es bringt auch generell die Le-
bensgeister auf Trab.

Die folgenden gebräuchlichen Gewürze sollten beim
Kochen und bei Tisch nicht fehlen: Schwarzer Pfeffer,
Ingwer, Salz (wenn möglich aus großen Kristallen ge-
stoßen), Kümmel, Gelbwurz (Kurkuma), Kardamom,
Zimt, Nelken und Senfkörner. Alle diese Gewürze haben
sattvische Eigenschaften, wirken also belebend. Sehr
scharfe Gewürze wie Cayennepfeffer und Chili sollten
Sie nur sehr sparsam oder überhaupt nicht verwenden.
Das gilt besonders für den Pitta-Typ.

## DER GERUCHSSINN

Im Ayurveda kommt dem Geruchssinn eine besonders
unmittelbare Wirkung auf das Körper-Geist-System zu.
Wir alle wissen, in welchem Maße Gerüche Erinnerungen
und Gefühle wachrufen können: Man betritt ein Zimmer,
in dem ein bestimmter Geruch schwebt und augenblick-
lich steigen lebhafte Erinnerungen an längst vergessene
Ereignisse empor.

Das erklärt sich dadurch, daß die Geruchsnerven mit
dem Kleinhirn verbunden sind, in dem sich die Steuer-
zentren für unsere Gefühle und für die grundlegendsten
Körperfunktionen befinden.

Der Einsatz von Düften und Aromen zur Schaffung
der physiologischen Ausgeglichenheit ist ein altes Wis-

sensgebiet des klassischen Ayurveda. Bestimmte Düfte
können auf bestimmte Doshas einwirken, wobei das
Wirkmuster große Ähnlichkeit mit den verschiedenen
Geschmacksrichtungen hat. Süße und saure Düfte wirken
zum Beispiel ausgleichend auf das Vata-Dosha ein, wür-
zige Düfte beleben Kapha, und mentholhaltige Düfte
bringen Pitta ins Gleichgewicht. Bezugsquellen für Aro-
maöle werden am Ende des Buches aufgeführt. Aroma-
und Duftanwendungen erfolgen am besten beim Schlafengehen, weil dann das Fluidum des Duftes die ganze
Nacht über vorhält. Für die abendliche Anwendung empfiehlt sich im allgemeinen ein Vata-ausgleichendes Aroma,
weil das besonders schlaffördernd wirkt.

Aber Sie werden ebenfalls feststellen, daß die Aroma-
therapie auch tagsüber eine ausgleichende und belebende Wirkung hat. Wählen Sie das Aroma unter Berück-
sichtigung Ihres Konstitutionstyps und nach den gleichen
Gesichtspunkten wie Ihre Ernährung aus, wobei sie auch
die Jahreszeit nicht außer acht lassen sollten.

# 8 DIE FREUDE ALS QUELLE
## DER ENERGIE

Biologische Faktoren sind bei der Überwindung von Müdigkeit und Antriebslosigkeit sehr wichtig, aber es sollte auf der Hand liegen, daß zu einem menschlichen und wirklich gesunden Leben mehr gehört als eine geeignete Ernährung und ausreichende Bewegung. Der Mensch braucht einen Lebensinhalt, die Einordnung in einen größeren Zusammenhang, die Ausrichtung auf ein sinnstiftendes Lebensziel.

Eine der verblüffendsten Einsichten, die von der traditionellen ayurvedischen Lehre gewonnen wurde, kommt im folgenden primären Energieprinzip zum Ausdruck. Bitte notieren Sie:

*PEP 21: Wachstum ist die Grundlage des Überlebens.*

Überleben bedeutet in diesem Zusammenhang mehr, als lediglich seine Existenz zu fristen und zu atmen. Es bedeutet ein Leben zu führen, das einem geistigen Anspruch gerecht wird. Man kann zwar am Leben bleiben, indem man täglich eine bestimmte Mindestmenge von Nahrung und Wasser zu sich nimmt, aber ein Leben im eigentlichen Sinn des Wortes ist ohne Fortschritt und Wachstum nicht denkbar. Die Alternative wäre Stillstand, Müdigkeit als Dauerzustand oder Schlimmeres.

Spirituelles Wachstum ist eine freudvolle Erfahrung, die uns durch die Höhen und Tiefen unseres Lebens trägt. Auch auf biologischer Ebene ist diese Erfahrung nicht ohne Bedeutung, denn wenn Sie das Gefühl haben, daß in Ihrem Leben ein zielstrebiger Fortschritt herrscht, wird auch die Bildung jener Botenstoffe gefördert, die unsere gesamte körperliche und geistige Existenz mit Kraft und Vitalität erfüllen können. Hier liegt der eigentliche Schlüssel für Dynamik und Energie.

## GANZHEIT, SELBSTVERWIRKLICHUNG UND VERBUNDENHEIT

Das spirituelle Wachstum, von dem hier die Rede ist, meint nichts anderes als die Entfaltung sämtlicher Anlagen, die dem Menschen gegeben sind. Jeder trägt den Impuls in sich, das Beste aus sich zu machen – aber tief in unserem Inneren versteckt gibt es eine Regung, die noch mehr will. In seinem Innersten ist jeder davon überzeugt, daß er oder sie das Zeug hat, zu wirklicher Größe zu gelangen. Größe ist – oder zumindest war einmal – das verbindliche Lebensziel für jeden Menschen.

Bei Kindern kann man das Streben nach Großartigkeit gut beobachten. Kinder kennen noch keinen Selbstzweifel. Sie glauben fest an ihre Fähigkeit, alles erreichen und werden zu können, was sie wollen. Freude und Spontaneität zeigen sich in allem, was Kinder machen und tun – und ebenso grenzenlose Energie.

Mit welchem Wort kann man diesen Seinszustand bezeichnen? Es ist ein Zustand, in dem jeder Moment bis zur Neige ausgekostet wird. Es ist die Fülle des Augenblicks, die Ganzheit der Existenz.

Der Drang nach der Fülle der Existenz ist ein Naturrecht des Menschen. In jedem von uns ist die Möglichkeit zur Ganzheit angelegt, und die Sehnsucht danach wohnt ebenso in uns. Ganzheit bedeutet Vollständigkeit, das Fehlen jeglicher Entfremdung, Abspaltung und Begrenzung. Ganzheit bedeutet die Teilhabe an der natürlichen Freude.

Der Ayurveda hat diese Ganzheit von jeher als das Ziel der Entwicklung des Menschen betrachtet. In der modernen Psychologie spricht man in diesem Zusammenhang von »Selbstverwirklichung«. Dieses Konzept wurde von Abraham Maslow entwickelt. Selbstverwirklichung ist gekennzeichnet durch Kreativität, durch das Gefühl innerer Freiheit und Erfüllung, durch Energie und Spontaneität. Maslow war der Meinung, daß dieser Zustand das natürliche Entwicklungsziel eines jeden Menschen darstellt.

Ganzheit und Selbstverwirklichung sind Erfahrungen, die viele Menschen irgendwann in ihrem Leben spontan und oft nur für kurze Zeit gemacht haben – vielleicht beim Sport, bei besonders wohl getaner Arbeit oder im Zusammensein mit einem vertrauten Menschen.

Wie auch immer die jeweiligen konkreten Umstände ausgesehen haben, diese schönen Augenblicke sind stets von einem Gefühl tiefer Freude begleitet, von dem Gefühl des mühelosen Gelingens und der Einheit und Verbundenheit mit den anderen Menschen und der gesamten Umwelt.

Der Ayurveda hat dieses Gefühl der Einheit und Verbundenheit schon seit langer Zeit als das wahre Ziel betrachtet, auf das jeder Mensch hinstreben sollte. Inzwischen sagt uns auch die moderne Wissenschaft, daß das Menschengeschlecht mit der Natur und der Quelle aller Energie innig verwoben ist. Der größte Nutzen, den wir aus dem Ayurveda ziehen können, liegt vielleicht in den ganz praktischen Techniken, mit denen wir Körper und Geist wieder ausgleichen können, um auf diese Weise den verlorengegangenen Zugang zu den wahren Quellen von Vitalität und Gesundheit wiederzugewinnen.

## EINEN SCHRITT WEITER

Ich möchte Sie dringend dazu anhalten, sich einmal zu überlegen, inwieweit es Ihnen gelungen ist, diese »Ganzheit« in Ihrem eigenen Leben zu verwirklichen. Viele Menschen verfallen im Lauf der Jahre in Gewohnheiten und Einstellungen, die das unbegrenzte Potential verschütten, das uns zu eigen war, als wir noch Kinder waren. Es bleibt ja nicht aus, daß wir mit Rückschlägen, Enttäuschungen und Niederlagen konfrontiert werden, die Zweifel in uns aufkommen lassen, ob wir unsere Ziele wirklich erreichen können.

Aus ayurvedischer Sicht sind es drei Erfahrungen – nämlich Zurückweisung, Enttäuschung und Selbstzweifel – die als die gefährlichsten Verursacher von Streß zu gelten haben. Als Ergebnis dieser schmerzlichen Erfahrungen entwickeln wir in uns Haltungen und Einstellungen, mit denen wir unsere Grenzen zurücknehmen, anstatt sie uns weiter zu stecken. Diese Abwehrhaltung ist oft sehr leicht verständlich und hat sich meist als seelischer Schutzmechanismus vor neuerlichen Verletzungen entwickelt. Dennoch versetzen solche Selbstbeschränkungen dem spirituellen Wachstum den Todesstoß.

Ich meine hierbei ganz besonders destruktive Gedanken nach dem Muster: »Ich gehöre wohl nicht zu denen, die ihr Glück verwirklichen, aber wer ist schon glücklich?«, oder »Ich gehöre wohl nicht zu den Menschen, die ihre Ziele erreichen. Wahrscheinlich habe ich mir ohnehin zuviel vorgenommen«, oder »Egal was ich anfasse, ich habe eben immer Pech.«

Ich kann mir kaum etwas vorstellen, das für Ihre Entfaltung und Selbstverwirklichung schädlicher sein könnte, als Sätze, die mit »Ich gehöre wohl nicht zu den Menschen, die ...« beginnen!

Diese negativen Einstellungen haben einen gefährlichen Nebeneffekt, und das ist die Art und Weise, wie sie sich in der Produktion der chemischen Botenstoffe unseres Gehirns niederschlagen. Die chemische Umsetzung unserer Gedankenwelt kommt niemals zum Erliegen, und deshalb machen kranke Gedanken am Ende wirklich krank und führen zum Beispiel zu chronischer Müdigkeit und zu Antriebschwäche. Müdigkeit ist ja nichts anderes als fehlender Antrieb. Sie ist der körperliche Ausdruck der Enttäuschung vom Leben.

Diese pessimistische Haltung, die die Seele verkümmern läßt, gilt es zu überwinden. Der entscheidende »Schritt darüber hinaus« wird Ihnen gelingen durch die Hilfe der unbegrenzten geistigen Kraft, die immer noch in Ihnen wohnt, auch wenn sie Ihnen im Augenblick abhanden gekommen zu sein scheint. Eine andere Möglichkeit, als diesen »Schritt darüber hinaus« zu wagen, gibt es nicht. Dabei geht es um etwas anderes als nur um positives Denken. Es geht darum, Zugang zu einer tieferen Ebene der gestaltgebenden Kraft zu gewinnen, einer sinngebenden und Zusammenhalt stiftenden Kraft. Mit dem »Schritt darüber hinaus« meine ich den Aufbruch zum Quell der Gedanken, zum gelobten Land der reinen Freude und der unbegrenzten Möglichkeiten.

Die Atemmeditation aus Kapitel 5 ist eine der Methoden, die sich hierfür am besten eignen. Die klassischen ayurvedischen Texte weisen immer wieder klar darauf hin, welch ungemein heilstiftende Rolle der täglichen Meditation zukommt. Bei der Rückkehr aus dem meditativen Zustand überträgt der Meditierende einen Teil der

Unbegrenztheit und des Reichtums der inneren Möglichkeiten, die er erfahren hat, in sein Alltagsbewußtsein.
Wenn man es neurophysiologisch betrachtet, heißt das,
daß die im Meditationszustand erreichte Integration der
Gehirnwellen anschließend in andere Tätigkeiten hinein-
wirkt. Plötzlich und unvermutet sind neue Bereiche des
Gehirns für Gedanken, Wahrnehmungen und Handeln
verfügbar.

Bis an die Quelle der Gedanken zu gehen, ist natürlich
auch eine Erfahrung, bei der wir mit unserem wahren inneren Selbst in Kontakt treten. Es ist die tiefgreifendste
Form der Selbstwahrnehmung. Viele Menschen sprechen
von dieser Erfahrung als einem »Nachhausekommen«
oder sie sagen, es sei »die Entdeckung des wirklichen
Selbst«.

Durch Atemmeditation und die anderen Techniken
und Übungen, die in diesem Büchlein vorgestellt wurden,
können Sie – vielleicht das erste Mal seit den Tagen Ihrer
Kindheit – wieder in das Reich der gewaltigen Möglichkeiten hineingelangen, die in Ihnen schlummern. Sie
können wieder das Band knüpfen zwischen Ihrer Per-
son und der grenzenlosen Energie und Schöpferkraft der
Natur.


## OBJEKTBEZOGENHEIT
## UND SELBSTBEZOGENHEIT

Ihr Selbstbild wird sicherlich in dem Maße von der Meinung anderer Menschen unabhängiger werden, wie Sie
die Richtschnur für Ihr Tun und Lassen aus sich selbst beziehen. Im Ayurveda sagt man, daß die »Objektbezogenheit« abnimmt und die »Selbstbezogenheit« zunimmt.
(Das Wort »Selbstbezogenheit« hat im Deutschen den

Beigeschmack von Egoismus, der hier aber nicht gemeint ist.)

Objektbezogenheit bedeutet, daß man seine eigene innere Identität zugunsten eines von außen herangetragenen Selbstbildes aufgegeben hat. Es bedeutet, daß jemand seine Selbstdefinition an dem ausgerichtet hat, was in den Köpfen anderer Menschen vorgeht. Das Tun und Lassen eines solchen Menschen will wohlüberlegt sein, und seine ganze Aufmerksamkeit ist nach außen auf irgendwelche Personen oder Objekte gerichtet – das ist sehr kräftezehrend und ermüdend. Im Ayurveda nennt man diese Haltung *pragyaparadh*, was soviel heißt wie »fehlgeleiteter Intellekt«. Der Geist verfällt dem Irrtum, daß seine wahre Natur außerhalb seiner selbst angesiedelt wäre.

Selbstbezogenheit bedeutet im Gegensatz dazu, daß ein Mensch seine wahre Identität und Bedeutung in sich selbst zu finden weiß. Er kommt nicht auf die Idee, sein Verhalten und seine Erscheinung an dem auszurichten, was andere ihm vormachen – was er tut und wie er sich gibt, »stimmt« einfach ganz von selbst. Vor aller Sprache, auf dem tiefsten Grund der Seele, trägt jeder ein Steuerungssystem in sich, das ihm einen weitaus verläßlicheren Kurs vorgibt, als jeder bewußt ausgeklügelte Plan es könnte. Gewaltige Mengen an Energie und Kreativität werden freigesetzt, wenn man sich dem zwanglosen Walten jenes natürlichen inneren Steuerungssystems unterstellt. Müdigkeit und Abgeschlagenheit werden schlagartig der Vergangenheit angehören.

## DIE WAHRNEHMUNG DES GEGENWÄRTIGEN AUGENBLICKS

Selbstbezogenes Handeln und Verhalten ist auf die Gegenwart bezogenes Handeln und Verhalten. Durch die Konfrontation mit der Gegenwart erhält das Leben spontan seine Struktur – und nicht dadurch, daß man in der Vergangenheit herumstöbert oder sich besorgt über die Zukunft den Kopf zerbricht. Objektbezogenes Handeln und Verhalten jedoch stehen unter den Leitsternen von Angst und Besorgnis, denn die Wahrnehmung ist auf Objekte fixiert, die sich stets und unkalkulierbar verändern – denn wer könnte schon die zukünftige Meinung anderer Leute, oder gar den Gang der Welt vorhersagen? Ein objektbezogenes Leben ist unweigerlich ein Leben voller Ängste, und nichts ist kräftezehrender als permanente Angst.

Unser nächstes primäres Energieprinzip faßt zusammen, was wir in diesem Kapitel bisher besprochen haben. Bitte notieren Sie:

*PEP 22: Das Ziel des menschlichen Wachstums und der menschlichen Entwicklung ist die ganze Fülle der Existenz. Diese Ganzheit erwächst nicht aus Objektbezogenheit, sondern aus selbstbezogenem Handeln und Verhalten. Sie gründet sich auf die Wahrnehmung des gegenwärtigen Augenblicks und ist gekennzeichnet durch innere Freiheit, Kreativität, Spontaneität und die unbegrenzte Energie der Natur.*

## DHARMA

Ein wichtiger Abschnitt der ayurvedischen Lehre befaßt sich damit, wie sich der einzelne Mensch persönlich entwickeln kann und soll. In diesem Zusammenhang spricht man von *dharma.* Man kann Dharma übersetzen als »natürlicher Pfad«, »naturgemäßes Verhalten« oder »natürliche Pflicht«. Dharma bringt zum Ausdruck, daß es für das Lebensschiff eines jeden Menschen einen besonders fruchtbringenden, optimalen Kurs gibt, den er oder sie nur einzuhalten braucht, damit sich in seinem oder ihrem Leben das größte Maß an Glück und die schnellstmögliche Entfaltung einstellen.

Dharma hat zwei Aspekte, einen universalen und einen individuellen. Jeder Mensch hat ein universales Dharma, das ihn zu ganzheitlicher Entfaltung drängt. Dieser Drang ist von Anfang an Bestandteil des Körper-Geist-Systems, er ist in unserer Erbsubstanz verankert. Jede Generation erbt von der vorausgegangenen den Drang, mehr zu erreichen als die Generation ihrer Väter. Wir alle tragen diesen Drang zur Entfaltung aller unserer Möglichkeiten in uns – sowohl die des Körpers wie auch die des Geistes. In körperlicher Hinsicht bedeutet dies das Streben nach vollkommener Gesundheit. Auf psychologischer und emotionaler Ebene ist es das Streben nach Stabilität, Kreativität und Lebensfreude, das wir unter dem Begriff Selbstbezogenheit kennengelernt haben. Im Ayurveda wird hierfür der Begriff »Erleuchtung« verwendet.

Neben dem universalen Dharma gibt es das individuelle Dharma. Das ist jenes Handeln und Verhalten, das für den jeweiligen Menschen am angemessensten ist und das ihn auf dem schnellsten Weg dem Ziel der Selbstbezogenheit näherbringt. Für den einen mag der Beruf des

Flugzeugkapitäns die besten Möglichkeiten zur Entfaltung bieten, bei dem anderen mag es der Posten eines Armeegenerals sein, wieder andere Menschen sind am glücklichsten als Hausfrau oder in einem pädagogischen Beruf. Solange das, was man tut, wirklich »dharmisch« ist, erlebt man es als richtig, als natürlich und beglückend.

Das individuelle Dharma kann sich im Lauf der Zeit wandeln. Für die meisten Menschen ist es zum Beispiel dharmisch, in der Jugendzeit und während der Ausbildung unverheiratet zu bleiben, aber danach drängt sie das Dharma dazu, eine Familie zu gründen. Die berufliche und selbst die Lebensorientierung eines Menschen können sich während seines Lebens ändern, nachdem er eine Phase seines Dharma durchlaufen hat und in die nächste eintritt.

Dharma soll in allererster Linie das Mittel sein, das Ihnen zur Entfaltung Ihres Glücks, zu Ihrer Selbstverwirklichung und zu Gesundheit verhilft. Wenn ein bestimmtes Handeln oder Verhalten für Sie richtig ist – wenn es sich im Einklang mit der Richtung und den Möglichkeiten Ihrer Entwicklung befindet –, dann verspüren Sie in Körper und Geist ein Gefühl des Behagens, der Genugtuung und sogar des Glücks. Wenn Ihr Handeln und Verhalten jedoch quer zu dieser Richtung liegen, dann stellen sich körperliches und geistiges Unbehagen ein, was nur allzu oft seinen Niederschlag in Form von chronischer Müdigkeit findet.

Wie kann der einzelne wissen, wo sein Dharma liegt? Man muß sich von Anfang an darüber im klaren sein, daß das universale und das individuelle Dharma sich gegenseitig speisen und aufrechterhalten. Wenn Sie nicht so recht überschauen können, wo Ihr eigenes, persönliches Dharma liegt, dann sollten Sie zunächst das universelle Dharma in sich zur Entfaltung bringen, indem sie selbstbezogener und ganzheitlicher werden. Sämtliche Techniken und Übungen, die in diesem Büchlein vorgestellt worden sind, sollen dazu dienen, Ihren Körper und Ihren Geist ins Gleichgewicht zu bringen und Ihnen den Kontakt mit Ihren inneren Quellen der Kraft und Intelligenz zu ermöglichen und zu erleichtern. Durch die Vertiefung und Erweiterung Ihrer Lebensperspektive wird Ihnen Ihr Leben auf ganz natürliche Weise ein größeres Maß an Befriedigung und Zufriedenheit bieten. Sie werden in der Lage sein, in jeder Situation zu erkennen, wo die schöpferischen und entwicklungsfördernden Möglichkeiten liegen und wie Sie das Beste daraus machen können. Vielleicht wird Ihnen im Laufe Ihrer Entfaltung sogar bewußt, daß bestimmte Aspekte Ihres Lebens einer Änderung bedürfen, Ihr Berufsleben etwa oder auch Ihre persönlichen Beziehungen. Aber was auch geschieht, der Wechsel wird immer ein natürlicher Übergang sein, der seine Grundlage in der erweiterten Perspektive und dem größeren Einfallsreichtum hat, mit denen Sie Ihrer Situation inzwischen begegnen können. Ihr Handeln und Ihr Verhalten wird mehr und mehr Ihr inneres Wesen widerspiegeln und in immer bessere Übereinstimmung mit Ihrem persönlichen Dharma kommen.

## DAS ERHOLUNGSSPENDENDE UNIVERSUM

Neben Arbeit und Pflicht gehört auch die Erholung zum Dharma des Menschen. Wir leben ja sogar in einem erholungsspendenden Universum. Schon ein Blick in unsere Welt kann das bestätigen: Am Morgen erklingt der Gesang der Vögel, Delphine spielen in den Wellen, die ganze Natur quillt über vor Lebensfreude. Erholung und Entspannung gehören wesentlich zur Ganzheitlichkeit dazu.

Um diesem Ziel näherzukommen, sollte man sich für die
Erholung genügend Zeit nehmen.

Wer seiner chronischen Müdigkeit zu Leibe rücken
will, sollte den erholsamen Tätigkeiten nach Möglichkeit
mehr Zeit als bisher widmen. Viele der Techniken und
Übungen, die in diesem Büchlein beschrieben worden
sind, möchte ich im eigentlichen Sinn als erholsam bezeichnen, ganz besonders die Meditation, den Sonnengruß und die anderen Yoga- und Atemübungen. Sich
»erholen« heißt schließlich wörtlich genommen nichts
anderes, als sich etwas zurückzuholen, nämlich die Vitalität und die Frische. Es bedeutet, die Kraftquellen und
die Lebenskraft des Körpers zu erneuern.

Aus ayurvedischer Sicht ist es unerläßlich, jede Woche
mindestens einen ganzen Tag von der Arbeit auszuspan-
nen. Dieser Tag sollte ausschließlich der Ruhe und Erholung gewidmet sein. Ihr Körper und Ihr Geist brauchen
jede Woche mindestens einen Tag ohne die Zwänge des
Berufs und der alltäglichen Pflichten, um sich regenerie-
ren und wieder auffrischen zu können.

Unser letztes primäres Energieprinzip faßt sämtliche
wichtigen Aussagen über das Dharma zusammen. Bitte
notieren Sie:

*PEP 23: Sie beschreiten den Pfad des Dharma, wenn
Sie sich jenes Handeln und Verhalten zu eigen machen,
das für Sie in Ihrer einzigartigen Wesenheit am richtig-
sten, entwicklungsträchtigsten und am aufbauendsten ist.
Dies ist die individuelle Ausprägung von Dharma.
Dharma hat aber auch eine universelle Ausprägung, näm-
lich den Drang nach Wachstum und Entfaltung aller
Aspekte des Lebens.*

## VERHALTENS-RASAYANAS

Die auyurvedische Lehre kennt bestimmte Verhaltensweisen, die aus sich selbst heraus einen hohen »morali-
schen Nährwert« haben, also für Körper und Geist besonders nützlich sind. Man spricht in diesem Zusammenhang
von »Verhaltens-Rasayanas«. Diese Verhaltensweisen wirken wie Kraftspender, denn positives und aufbauendes
Verhalten löst im Körper die Produktion von chemischen
Botenstoffen aus, die ihrerseits eine Wohltat für den Organismus sind.

Wer einen anderen Menschen mit seinen Meinungen
und Taten »beglückt«, sei es nun positiv oder negativ, der
erfährt die Wirkung seiner Einstellung und seines Verhal-
tens auch am eigenen Leib. In der Tradition des Ayurveda
spricht man bei dieser Erscheinung vom »Gesetz des
*kharma*«, aber diese Vorstellung hat auch eine körperliche, neurophysiologische Grundlage. Alles, was wir tun,
schlägt auf eine sehr konkrete Weise auf unseren Gesundheitszustand durch – förderlich oder abträglich, je nachdem.

Verhaltens-Rasayanas sind jene Handlungsweisen, in
denen Respekt, Hilfsbereitschaft, Mitgefühl, Verständnis
und Liebe zum Ausdruck kommen. Eltern und ältere
Menschen zu achten, sich um Bedürftige zu kümmern,
die Gesellschaft gebildeter Menschen zu suchen – all dies
sind traditionelle Rasayanas. Ich denke, daß das Wesentliche dieser Vorstellung mit einem einzigen Satz gesagt
werden kann: *Suchen Sie in jeder Situation das Positive,
und klammern Sie sich nicht an das Negative.*

Ich kann Ihnen versprechen, daß Sie als erster davon
profitieren werden, wenn Sie diese Verhaltensregel in
Ihrem täglichen Leben umsetzen. Das ist besonders dann
angezeigt, wenn sich eine körperliche oder seelische Ver-

stimmung meldet – auch die chronische Müdigkeit gehört hierher –, und Sie das Gefühl haben, daß der Grund dafür das Verhalten sein könnte, das Sie gegenüber einem Mitmenschen an den Tag legen. In diesem Fall sollten Sie umgehend überlegen, ob die Situation nicht auch etwas Positives hergibt, dem Sie sich zuwenden können. Und denken Sie daran: Der Strahl Ihrer Aufmerksamkeit läßt das, worauf er sich richtet, größer und stärker werden. Sie werden staunen, wie schnell sich negative Situationen dadurch entschärfen lassen, daß Sie Ihre Aufmerksamkeit auf das Positive umlenken – und wie freudig diese Erfahrung ist.

Die zweite Hälfte unseres Leitsatzes lautet »Klammern Sie sich nicht an das Negative«. Ich glaube, das entscheidende Wort ist »klammern«. Niemand kann negativen Lebenserfahrungen entgehen, aber es besteht auch kein Grund dazu, sich an solche Erfahrungen zu klammern. Wenn jemand, den Sie nicht leiden können, uneingeladen bei Ihnen zu Hause auftaucht, ist es abwegig, diesem Menschen den Besuch so angenehm wie möglich zu machen. Mit pessimistischen Gedanken und trüben Stimmungen sollte man in ähnlicher Weise verfahren. Am besten schenkt man solchen Regungen möglichst wenig Beachtung und sucht sich etwa Positives, mit dem man sich gedanklich beschäftigen kann. Im Laufe der Zeit wird es Ihnen immer leichter fallen, Negatives an sich abprallen zu lassen und sich nicht daran zu klammern. Und auch hier kann Meditation eine entscheidende Hilfestellung geben, um das positive Denken ganz natürlich und mühelos in Fleisch und Blut übergehen zu lassen.

Alle Prinzipien und sämtliche Techniken und Übungen, die ich Ihnen in diesem Büchlein vorgestellt habe, dienen nur dem einen Zweck, nämlich Ihnen zu jenem ausgeglichenen Zustand zu verhelfen, der Ihr Fortschrei-

ten auf dem Pfad der Erfüllung fördert. Selbstbeschrän-
kende und angstgesteuerte Haltungen und Verhaltensweisen abzulegen und in die reine Freude eines selbst-
bestimmten und ganzheitlich entwickelten Zustandes
einzutreten, ist nichts anderes, als die unerschöpfliche
Energie der Natur am eigenen Leib zu erfahren. Es bedeutet, daß endgültig die Energie die Stelle von Müdigkeit und Abgeschlagenheit eingenommen hat. Und
schließlich bringt uns dies dem wahren und letzten Ziel
menschlicher Entwicklung, der Aufhebung aller Entfremdung, einen wichtigen Schritt näher.

## WÖRTERVERZEICHNIS

*Agni* – das Verdauungsfeuer
*Ama* – im Körper abgelagerte Schlacken und Giftstoffe
*Asanas* – Körper- oder Sitzhaltungen des Yoga
*Ayurveda* – Wissenschaft vom Leben
*Dharma* –  das Wissen um den Sinn des Lebens
*Doshas* – die drei grundlegenden, Geist und Körper verbin-
  denden Stoffweschselprinzipien (Vata, Pitta und Kapha)
*Gandharva veda* – alte vedische Musiktradition
*Kapha* – für den Körperbau verantwortliches Dosha
*Marma* – Körperpunkte, Reflexpunkte
*Neuromuskuläre Integrationsübungen* – Yoga-Übungen
*Pitta* – für den Stoffwechsel verantwortliches Dosha
*Pragyaparadh* – fehlgeleiteter Intellekt
*Prakriti* – Natur; bezieht sich entweder auf die menschliche
  Eigennatur (Konstitutionstyp) oder auf die Natur als Ganzes
*Prana* – Sanskrit: Luft, lebensspender Atem, das Leben selbst
*Pranayama* – Yoga-Atemübungen
*Rasayanas* – ayurvedische Kräutermischungen
*Sattvic* – natürliche Energiespender unter den Nahrungs-
  mitteln

*Surya Namaskara* – Yoga-Übung, deutsch: der Sonnengruß
*Tamasic* – Nahrungsmittel, die stumpf und träge machen
*Vata* – für alle Bewegungen im Körper verantwortliches
   Dosha
*Vikriti* – Zustand der Disharmonie
*Yoga* – jahrtausendealte, umfassende indische Meditations-
   lehre, die sich verschiedener »Mittel« bedient, zum Beispiel
   der Asanas, dem Pranayama, der eigentlichen Meditation
   (Dhyana) und anderer.

## BEZUGSQUELLEN FÜR AYURVEDA-PRODUKTE

*Deutschland:*

Ayurvedische Qualitätsöle
»Oshadhi« Ayus GmbH
Schoferstraße 9
77830 Bühlertal
Tel. (07223) 74590
Fax (07223) 75884

Maharishi Ayur-Ved Center
Gymnasiumstraße 7–9
88400 Biberach
Tel. (07351) 73571
Fax (07351) 71753

MTC Deutschland
Postfach 1126
41845 Wassenberg
Tel. (02432) 2494

Maharishi Ayur-Veda
Produkte
Kunigunda Schönleben
Adalbert-Stifter-Straße 22
85098 Großmehring
Tel./Fax (08407) 1617

*Österreich:*

MA GmbH
Biberstraße 22/2
1010 Wien
Tel. (01) 312796
Fax (01) 315286

*Schweiz:*

Maharishi Ayur-Veda
Products
6377 Seelisberg
Tel. (043) 312796
Fax (043) 315286

# REGISTER

# Die sieben goldenen Regeln für eine glückliche Familie

Auf der Basis von Deepak Chopras berühmten »Sieben geistigen Gesetzen des Erfolges«, gibt er nun allen Eltern einen Leitfaden in die Hand, wie sie ihre Kinder durch eine glückliche Kindheit in eine angstfreie Zukunft voll Selbstvertrauen und Geborgenheit, aber auch voll Verantwortungswillen in die Welt führen können. Damit legt er den Grundstein für ein harmonisches Familienleben und – wer weiß – für glücklichere Ehen.

160 Seiten